佐々木常夫
Tsuneo Sasaki

ビジネスマンの教養

ポプラ新書
195

はじめに

私たちは現在、とても豊かな時代を生きています。

少なくとも衣食住についてそれほど困ることはなく、欲しいものがあれば比較的何でも手に入る世の中になりました。日々生きていくうえでそれほど不自由は感じません。

そんな社会にも関わらず、私たちの心が一向に満たされないのはなぜでしょうか。言いようのない不安感や焦燥感があるのはどうしてでしょうか。

たしかに、戦後の経済復興は目を見張るものがあり、私たちの暮らしぶりは良くなりました。しかし、物質的な豊かさが増す一方で、生きる意味や価値観について考えることが少なくなり、現代を生きる多くの人々が、人としての

「あり方」を見失いそうになっている気がするのです。

「あり方」とは、言わば人として「どう生きるか」ということです。

何が正しくて、何が間違っているか、何をよりどころに生きていくか、そうしたことに明確な「答え」をなかなかもてないでいます。

ただ一つ、確実に言えることは、自分の中に「生きる指針」を見つけられれば、そうした不安や迷いはなくなるのではないかということです。

そして、生きる指針の大きな一つが「人を愛する」ということだと私は思います。

人を愛するとは、「人を思いやる」ことでもあります。

孔子は論語の中で、最も大事な徳は「仁」＝「恕《じょ》」、つまり「思いやり」であると言っています。人として求められる最高の境地が「人を思いやること」、すなわち「人を愛すること」なのです。

人は誰もが、いつも心の奥底で「誰かに愛されたい」「認めてほしい」と願っているものです。

しかし、「愛されたい」という思いは、ただ願っていても得ることはできません。

人を愛することで初めて手に入るのです。そして、私たちは人を愛し、愛されることで、自分の生きる価値や人生の意味を見出し、前向きに生きられるのです。

とはいえ、人を愛すること、思いやることはとても難しいものです。

そもそも人間は不完全な存在で、多くの欠点があり、人の好き嫌いもあります。

人からひどいことを言われたり、裏切られたりして、怒ったり悔しかったりすることもあるでしょう。負の感情にとらわれてしまうこともあるはずです。

けれども私たちは、そうしたことで簡単に人に失望してはいけません。

人間とは不完全な存在であることを引き受けたうえで、それでも人を愛さなければならないのです。人を愛することは自分の人生を幸せにします。人は幸せになるために生まれてきたのです。

私は若いときから、自分を支えてくれた言葉や、励ましてくれた言葉と出会ったときに、その言葉を手帳やノートに書き写すようにしていました。そして、折に触れて読み返すことで、いつも心に留めておいたのです。

本書ではそうした先人たちの名言の中でも、私か深く印象に残り、自分の人格形成に影響を与えたものを選びました。

こうした先人の生き方は言葉を通して、今の時代を生きる私たちに勇気と希望を与えてくれます。

そして、彼らの言葉は、未来の自分が何を心のよりどころとして、どこに向かって、どう歩いて行けばいいのか、その方向を私たちに示してくれます。

仕事や私生活で大きな荒波が押し寄せて、自分を見失いそうになったときに、それらの言葉が自分を支え、心のよりどころとなってくれます。

自分への戒めや励ましにしている言葉のことを「座右の銘」と呼びますが、人はこうした「生きるうえでの指針」を心にもつだけで不安や迷いを振り払い、強く生きていけるのです。

本書を読んだ皆さんが、人生の指針となり、生きるうえでの励ましとなる言葉を一つでも見つけてくださることを心より願っています。

佐々木常夫

第1章　自分自身と向き合う

第2章　相手を否定せず、ときに受け入れよ

第3章 苦難のときこそ、常に前を向く

第4章 何者にも惑わされない本物の志をもて

第1章

自分自身と向き合う

1　自分自身に対する認識を変えれば、人間は変わる。

アブラハム・マズロー

「友がみなわれよりえらく見ゆる日よ　花を買い来て　妻としたしむ」

これは石川啄木が詠んだ有名な短歌です。

「周りの友人たちは、みんな次々と社会的な評価を得て生活を固めつつある。それなのに自分だけが、すっかり周りから取り残されてしまった」

そんな思いにとらわれたことは、啄木に限らず誰だってあるでしょう。

進学や就職、昇給や昇進、結婚や家庭生活……。

周りはうまくいっているのに、自分は壁にぶつかって足踏みをしている。なんだか自分だけが能力不足のように感じてしまうことがあります。

私も大学受験に失敗して2年浪人をしたときには、社会から取り残されたような気持ちでした。現役で大学に合格し、キャンパスライフを謳歌している高校の同級生たちがまぶしく見えたものです。

他人と比べて、ときに落ち込んでしまうのは仕方がありません。

なにしろ人生、挫折と失敗はつきもの。

それに他人と比べてしまうのは人間の性でもあります。

そんなときは無理に虚勢を張ろうとせず、思いっきり打ちひしがれればいい。

ちょっとぐらい酒に逃げたっていいし、啄木のように花でも買ってきて、妻や夫、恋人との時間に安らぎを求めるのもいいでしょう。


けれども一方で、いつまでも落ち込む必要はないでしょう。

なぜなら人は、自分が感じているほど劣ってはいないからです。他人が優れて見えてしまうのは、ある一面だけを取り出して他人と自分を比較しているからです。

たとえば、同期が自分より早く出世したとしても、もしかしたら自分のほうがお客様から感謝されたり、信頼されていたりするかもしれません。共に働く仲間たちと強い絆をもって生きているかもしれません。

どちらが恵まれているか、それは光の当て方によって違ってきます。その人の考え方や感じ方で違ってきます。

人には良いところもあれば悪いところもある、人生はうまくいくこともあれば失敗することもある。そんなふうに考えられれば、気持ちも少しは軽くなるのではないでしょうか。

それなのにここ最近は実態以上に自分を低く評価して、長所に気がついていない人が実に多いのです。

自己評価が低い人は、自分の欠点ばかりに意識が向いてしまい、実際の実力よりも低い評価しか下せません。一方、自己評価が高い人は自分の長所に注目して、それを表に出そうと意識します。欠点を補うだけの長所があることを知っていて、実力相応に自分を評価できます。

自分をどう評価するかで、人としての成長度合は大きく変わります。自己評価が高い人のほうが断然成長できます。

なぜなら、人は「自分がこうなりたい」と目指すべき以上のものにはなれないからです。ビジネスでもスポーツでも「気がついたら起業していた」「いつの間にかプロ野球選手になっていた」という人はおそらく一人もいません。「自分は将来こうなるんだ」と強い意志をもって努力を続ける。そんな一握りの人が成功するのです。

マズローの言葉にある「認識を変える」とは、「自己評価の仕方を変える」ということです。

欠点ではなく、長所のほうを高く評価し、自分の能力や資質を前向きに把握するのです。すると「自分にもなかなかいいところがある」と肯定的にとらえられ、それが「自分自身に対する認識を変える」につながるのです。

自己評価が高ければ、より高い目標にも積極的に挑戦できます。

では、長所短所も含め正しく自己認識するには、一体どうすべきか。

それには、進学や就職、結婚、昇進などの節目ごとに自分の棚卸しをすることです。人生のさまざまな場面で、自分は誰の影響を受け、何を考え、どんな道を歩いてきたのか。きちんと振り返ってみるのです。

するると、自分自身の価値観や向き不向きが見えてきます。

自分が大切にすべきこと、それほどではないことがわかってくるのです。

そうすれば正しい自己認識ができるとともに、他人のことはあまり気にならなくなります。同期が早く出世しようがしまいが、自分がやるべきことにエネルギーを注げます。

とはいえ、それでも自分の欠点や弱みが気になる人がいるでしょう。

そんな人はいっそ、苦手分野の克服をあきらめる。不得意なことは仕事に支障が出ない最低限のレベルにとどめて、自分の長所を伸ばすことに専念したほうがいいのです。

なぜなら「苦手」は「普通」になっても「得意」になるとは限らないからです。

それよりは、一つでもいいから、自分の中に「これだけは負けない」という強みを自覚し伸ばしていく。そのことが、あなたの自信になります。

「ゲゲゲの鬼太郎」で有名な水木しげるがそうでした。小さい頃から勉強が苦手で、両親が尋常小学校入学を1年遅らせたほどでした。朝寝坊してはゆっくり朝食をとり、たいてい2時間目くらいから登校するというマイペースな生徒でした。

しかし、絵を描くことが大好きでかつ、上手だったことで漫画家の道を選びました。そして、その結果、妖怪漫画の第一人者となったのです。

自分自身を正しく肯定的に認識し、自分が得意としていることを伸ばし続ける。それが揺るぎない自己をつくることにつながります。

2　礼儀正しさにまさる攻撃力はない。

キングスレイ・ウォード

目下の人が目上の人に敬意をもって接する——。

「礼儀正しさ」というと、そんな想像をするかもしれませんが、本当の「礼儀正しさ」はそればかりではありません。

上司が部下に接するときや、先輩が後輩に接するときにも大切です。

キングスレイ・ウォードも著書の中で次のように述べています。

「いくつかのマナーのよさは、君の命令を実行する部下の気分や効率に、非常に大きな影響を及ぼす。頼めばもらえるものが、要求すれば少ししかもらえない。非難めいた言い方をすれば、もらえる量はさらに減る」

たしかに部下や後輩に対して、「これをやりなさい」と命令するのと、「これをやってくれませんか」とお願いするのとでは、相手が受け取る印象はまったく違うものになります。命令されるよりはお願いされたほうが、「自分のことを尊重してもらっている」と感じます。そして強制的にやらされるよりも、気持ちよく取り組んでもらったほうが、効率も良く、成果にもつながってきます。

家庭生活も同じです。夫に、

「たまにはお風呂掃除ぐらいしてよ！」

と非難めいた言い方をするより、

「私は部屋の掃除をするから、お風呂の掃除をしてくれない？」

とお願いしたほうが、夫は気持ち良く動いてくれるはずです。

私がこの言葉と出会ったのは40代前半のとき。

当時は東レという会社で課長を務めていて、「リーダーにいちばん大切なのは誠実さではないか」と感じていました。ですから、この一文を読んだとき深く納得したものです。

リーダーになったばかりの人は「自分がリーダーに向いていないいんじゃない

か」と悩んでいるかもしれません。若手社員が後輩やアルバイトの指導を任され、「うまく指導できるだろうか」と不安に思うこともあるでしょう。

ですが、誠実さ、つまり礼儀正しさを身につけていれば、その人はすでにリーダーとしての大切な資質を備えているといえます。

礼儀正しさとは、

「人に会ったら挨拶をする」

「何かしてもらったらお礼を言う」

「間違ったことをしたら、勇気をもってごめんなさいと謝る」

といったこと。誰もが幼いときに、両親や学校の先生から教えてもらった基本的なことばかりです。

けれども、こうした基本ができている社会人はそれほど多くありません。当たり前のことが当たり前にできなくなっているのです。

そもそも世の中、自分一人の力でできることは限られています。お互いに助け合わないことには生きていけません。ですから、助けてもらったときには、相手が目上でも目下でも、「ありがとう」とお礼を言うことが大切なのです。

そうすれば相手は「役に立ててうれしい」「この人のために何かしてあげたい」という気持ちになります。

自分が間違った判断をしたときも、「ごめんなさい」と素直に謝る。地位が高ければ高い人ほど、真摯な姿勢が伝わるでしょう。自分の非を素直に認められれば、周りからも信頼されます。

そういうことを言える人というのは、それだけでリーダーとしての資質を備えているといえます。

もちろんチームを動かすには、マネジメントのスキルも必要です。ですが、相手を思う気持ちがあればスキルは後からついてきます。

歳をとったり、地位が上がってきたりすると、人はどうしても傲慢になってしまいがちなもの。若い頃の謙虚さを忘れ、態度が尊大になってしまいます。地位の高い人にはペコペコするくせに、目下の人には威張り散らす人もいます。

そんな人が身近にいたら、自分のあり方を見直すいい機会です。「自分は大丈夫か、傲慢になっていないか」と自問自答するようにしましょう。

私はといえば、会社の中で先輩、後輩を問わず、相手を「さん」付けで呼んでいました。当時、社内では、部下や後輩を「くん」付けで呼ぶのが一般的でした。

しかし、「くん」付けで呼んでいると「彼は目下で、自分より劣っている」という意識が働き、相手に対する態度も尊大になってしまいます。

正直、私も最初のうちは、抵抗感がありました。

自分よりも10歳近く年齢が違う新入社員を「さん」付けで呼ぶわけですから。「でも、若くても優れた人がいるのだから、多少気恥ずかしくても『さん』と呼ぼう」と決めていました。そう呼んでいるうちに次第に抵抗感はなくなりました。

「礼儀正しさにまさる攻撃力はない」

この言葉がユニークなのは、礼儀正しさを「攻撃力」と表現していることです。

つまり、礼儀正しさは、人の心を動かすうえでの最大の武器になると言っているわけです。だから、もし、自分とあまり合わない人がいてもそのときは、ぜひこの言葉を思い出してみてください。

この最大の武器を使わない手はないでしょう。

3　少にして学べば、則ち壮にして為すことあり。
壮にして学べば、則ち老いて衰えず。
老いて学べば、則ち死して朽ちず。

佐藤一斎

若いときにバリバリと活躍していた人が、40歳を過ぎた頃から精彩を失っていく例をたくさん見てきました。

そうかと思えば、若いときにあまり目立たなかった人が、40代、50代になってから徐々に頭角を現し出すケースもありました。

つくづく「人としての勝負」はわからないものだと思います。

私はかつて「35歳勝負説」というのを唱えていました。

35歳にもなると、その人の「人生観」「人とのつきあい方」「仕事のやり方」は固まってきます。35歳までに優れた人生観や仕事のやり方を身につけた人は、その後の成長角度は高くなります。

そのため成長角度が高い人が低い人に追い抜かれることは絶対にない、そういう意味で「35歳までで勝負は決まり」と言ってきたのです。


しかし、今思えば、この考え方は間違いだったかもしれません。

もちろん若いときの努力や精進が、その後の土台になるという考え方は今も変わりません。人格形成において35歳までが重要であるというのは事実です。

しかし、いろいろな人の生き方を見るうちに、「人は志さえあれば、何歳になってからでも成長できる」と考え直すようになりました。

イソップ童話に「ウサギとカメ」のお話があります。

若いときにどれほど成長角度を高めたとしても、途中で慢心して努力を怠ってしまえば、やがてウサギはカメに抜かれるときがやってきます。

ですから、「自分はこの程度かな」と見切りをつけそうになっていたら、少し考え直すべきです。あきらめるのは早すぎます。むしろ本当の勝負はこれからだ、と。

佐藤一斎の言葉は、私たちに、次のようなことを伝えています。

「少年のときや青年のときに高い志をもってしっかりと学べば、壮年や中年になったときに大きなことを成し遂げることができる。また壮年や中年のときにしっかり学べば、老人になっても知力や気力が衰えることはない。そして老人になってからも学び続ける人は、死んでもその名が朽ちることはない」

つまり、何歳になってもひたむきに学んでいる人は、いつまでも成長を続けられる、ということなのです。

ただし、「何を学ぶべきか」は年代によって変わります。

学生時代までは生きていくうえで、土台となる知識を学ぶものでした。

しかし、社会では、生きるうえでの知恵を丁寧に授けてくれる教師はいません。自分からそうした知恵をつかみとっていかなければなりません。学ぶための手段は、読んだ本であり、出会った人、自分に与えられた仕事などさまざまです。学生時代と違い、知識がある人が優秀だとは見なされません。

私はかねてから「多読家に仕事ができる人は少ない」と言ってきました。多読家は知識を吸収することに一生懸命で、その知識を実践に活かせていないケースが多いからです。実践を通じて、知識を知恵にまで高めていかないと、自分の仕事や生活、生き方に活用できないのです。

この「知識を知恵に高めていくやり方」を身につけるのが35歳まで、と思っていました。だから私は「35歳までで勝負は決まり」と言ってきたのです。

しかし、「本当の勝負」は35歳を過ぎてからです。

40歳前後になると、多くの人は勉強するのをやめてしまいます。勉強しなくても、これまでの知識や経験で乗り切れると思うようです。

一方、それでもなお、ひたむきに学び続けようとする人がいます。

彼らを学びに向かわせている原動力は「もっと自分を高めたい」といった成長意欲であり、「もっといろんなことを知りたい」という好奇心、そして「自分の知識や経験を、もっと社会や人々のために活かしたい」という貢献する意欲です。こうした人は一歩一歩、歩み続けるうちに、やがて相当な高みに到達します。

そうして高みに達した人の一人が、登山家でプロスキーヤーの三浦雄一郎さんではないでしょうか。私も昔から家族と共に山を登るのが好きでした。だからこそ、三浦さんが史上最高齢の80歳でエベレストを登頂したと知ったときには驚きとともに、勇気づけられるものがありました。それと同時に、まだまだ負けられないという思いを強くしたものです。

三浦さんの例からもわかる通り、人は老いてからでも自己を磨いていけば、確実に成長していくということです。

「老いて学べば、即ち死して朽ちず」

老いても、私たちが学ぶべきことはたくさんあるのです。

常に上を目指して歩き続ける——。

それこそ、人が成長し続けるための方法なのかもしれません。

4　悲観主義は気分のものであり、楽観主義は意志のものである。

アラン

この言葉は、アランの著作『幸福論』で述べられたものです。

彼が一貫して語っているのは、

「幸福とは受け身の姿勢で待っていても訪れるものではない。自分から主体的、積極的に行動しないとつかみ取れない」

ということです。

一方で「不幸」はその逆だとも述べています。

「不幸だったり不満だったりするのは、むずかしくない。人が楽しませてくれるのを待っている王子様のように、坐っていればよい」（『幸福論』より）。

予期せぬ天災や大切な人との突然の別れがそうであるように、不幸はこちらが望んでいなくても、向こうから勝手にやってきます。

もちろん、不幸の中には、自分の言動が原因で招き寄せてしまうものもあります。しかし、自分の責任ではない種類の不幸が多くあるのも事実です。

たとえば、人によっては子どもの頃、両親の不仲に悩んだことがあるかもしれません。母子家庭で経済的に苦しい家で育つ人もいます。

また、就職氷河期の時期に就職活動に失敗した人もいるでしょう。会社の都合で職場をやむなく去らなければならなかった人もいるはずです。仕事に対する思いや情熱は、強くもっているのに、どうしても報われない。こうした自分ではどうしようもできない不幸というものはあります。

しかし、自ら招き寄せた不幸でも、不運に背負い込んだ逆境でも、嘆いているばかりでは、状況は変わらないのです。

アランは「幸福のはいるにまかせて戸を開けておくだけで、公平な傍観者の態度にとどまっているならば、はいってくるのは悲しみであろう」とも述べています。

つまり、「幸せになりたい」と待っているだけでは、「ドアから入ってくるのは悲しみだけですよ」ということです。

もし、幸福を手に入れたければ、自ら動くことです。

たとえば「夫や妻が自分を大事にしてくれない」「上司や同僚と相性が合わない」と悩んでいたとします。そんなときに相手の気持ちの変化を待っていても何も変わりはしません。

状況を好転させたければ、たとえば、自分から相手を愛することです。

相手から愛されるのを待つのではなく、自分から愛を与えるのです。

人間関係は相互作用です。

自分が相手のことを大切に思えば、相手もまた私を大切に思ってくれます。

つまり、人に愛されたければ、まず自分からその人のことを愛したらいいのです。

「そんなにうまくいくだろうか」と疑問に思う人もいるでしょう。

たしかに自分だけが一方的に相手を思っても、相手が同じように思ってくれているとは限りません。ときには、相手がわがままでこちらのことを考えず、思ってもいなかった結果になることもあります。

人はしばしば裏切る生き物でもあります。

ですが、そんなときこそアランの言葉を思い出してほしいのです。

アランが私たちに伝えているのは、強い意志をもって楽観的に考えろということです。なぜなら楽観的に考えたほうが幸せに近づくからです。

「どうせ自分なんて大事にされてない」

「どうせ自分なんて社会に必要とされてない」

人は自分の存在を否定されたときに、そんな悲観的な気分になるものです。

しかし、そんなときこそ強い意志をもって、その困難を乗り越えるべきです。


私はアランの言葉に深く共感できます。

私が最も苦境に立ったのは、妻が2度3度と自殺未遂をしたときです。

妻は肝臓病を患っていたのですが、病気のために家族に負担をかけていることを気に病み、やがて重いうつ病を併発しました。そして死を思い詰めるところまで追い込まれてしまったのです。

夜帰宅してから妻の悩みごとを聞く毎日、いつ自殺をするかわからない不安な毎日、携帯電話には日に何度も不安を訴える妻の留守電が入る。緊張の日々を過ごしながら、何度も「なんとかこの状況から逃げ出したい」と考えました。

しかし、「それでも苦しみを乗り越えた先には、きっと幸せがあるはずだ」と私は自らに言い聞かせました。

その後、妻のうつ病は徐々に回復へ向かいました。回復した理由はいろいろと考えられます。

私が変わったこと、妻が変わったこと、いくつかの幸運に恵まれたこと……。

しかし、やはりなんといっても、「絶対に今の状況から抜け出してみせる」という強く、楽観的な考えがあったからではないかと思います。

楽観的な強い意志が、私たちを幸せに導いたのです。

だからこそ、私は伝えたいのです。

自分自身に負けてはいけない。

不幸や不運な状況が続いて、気持ちがふさぎこみそうになったとしても、楽観的な強い意志だけは失ってはいけない、と。

5　自分よりも優れた人を称賛できる心。それが人間が持ちうる最も素晴らしい心である。

トーマス・カーライル

私たちは、相手の良さを素直に認めることが苦手です。

称賛の気持ちはもちろん起こるのですが、自分より優れた人を見ると、低く評価したり、ほかの欠点を見つけたりしてつい批判しがちになってしまうのです。

そういった少しひねくれた感情は、自分よりもはるかに優れた人や、遠い存在の人に対して抱かないものです。

誰しもベートーヴェンやリンカーン、エジソンといった歴史上の偉人について欠点を言おうとはしません。社内でも年上の優れた先輩に対して、嫉妬心を抱くことはないでしょう。

つまり、私たちは年齢やポジションも近く、自分より少しだけ優れた部分がある人に、否定的な感情を抱きやすいわけです。

これは「自分の存在が脅かされてしまうのではないか」という不安を感じてしまうからです。その人の欠点を見つけて、「相手よりも自分のほうが優れているんだ」と思いたがるのです。

無意識の自己防衛本能ともいえます。

しかし、どんなに否定しても、その人がその点について自分より優秀であるのは変わりません。

むしろ、悪口を言うほど、周囲からは「自信がないから、あんなことを言っている」と言われ、自分の評価を落としてしまいます。


もともと、人は「自分より優れた人を否定したがる心」をもっている一方で、「自分より優れた人を称賛できる心」も当然備えています。

前項でアランの「悲観主義は気分のものであり、楽観主義は意志のものである」という言葉を紹介しましたが、その言葉になぞらえて言うならば、「自分よりも優れた人を否定するのは気分だが、称賛するのは意志である」といえます。

人の心は弱いものです。「気分」に任せていたら、優れている人のことを否定ばかりしてしまうため、人から学ぶ機会を失って、自分の成長につながりません。

そうならば、強い「意志」をもって、自分よりも優れた人を称賛し、その良さを認め、成長の糧にすべきです。

称賛することは、自分にとってメリットが大きいのです。

その人の優れた部分を認めてあげれば、相手が喜んでくれます。

そしてお互いに無用な張り合いがなくなり、相手も自分のことを認めてくれるようになります。

競争相手から認めてもらえることは、大きな共感と大きな自信になります。

想像してみてください。職場であまり顔を合わせたくない優秀な同期がいたとします。周囲からも何かと比べられがちなのに突然、その同期から「実はキミに負けたくない一心でやっていたんだ」と打ち明けられたら……。自分でも気づかぬうちに肩を並べていたことに驚くと同時に、相手から認められていたことをうれしく感じるのではないでしょうか。

相手を認めることの素晴らしさに気づくのは、自分に直接関係がないときでもあります。たとえば、夏の甲子園。試合後に球児たちがお互いの健闘ぶりを称える姿を見て、胸を熱くする人は少なくないでしょう。

これは、私たちの心の根底に「相手を認めることは難しくとも、尊いもの」という認識があるからではないでしょうか。

だからこそ私たちは、人が人を認める姿に感動し、ときには、清々しささえも覚えるのだと思います。

もちろん、人を認め、評価するということは「自分より優れている人」だけに行うものではありません、それは単に人を選り好みしているだけです。

たとえば「営業成績」が自分よりも劣っている人を、「あいつは売上を上げていないからダメだ」と一つの評価軸だけで否定せず、違った角度から見てみる。すると、その人には企画力に優れているといった別な才能や、ほかのパートナーが苦境に陥ったとき、フォローしてくれるといった人柄の良さがあるかもしれません。

そうやって一人ひとりの優れた部分を評価する。そうすれば、相手に大きな自信を与えるとともに自分との連帯意識を生じさせます。


カーライルの言葉で、次のような名言があります。

「自分より身分の低い人に対する接し方に、人の偉大さは現れる」

当たり前ですが、多くの人から称賛される人ほど、謙虚で物腰が柔らかいものです。誰だって、相手を見て、すぐに態度を変えるような人とは付き合いたいと思わないはずです。

そうであるならば、少し意識してみるといいでしょう。

自分より年下だから、立場や肩書が下だから……。

そんな上からの見方をやめるだけで、私たちは人として一回りも二回りも大きく成長できるのですから。

6　時は命なり。

時計の針は時間を刻んでいるのではない。自分の命を刻んでいるのだ。

安藤百福

私もまた「時は命なり」という思いを抱きながら、生きていた時期がありました。

それは妻が肝臓病とうつ病を併発し、療養生活を余儀なくされていた頃です。

当時、私は多忙な仕事と家族のケアで時間に追いかけられていましたが、「仕事も家庭も、絶対にあきらめない」という心境でした。

仕事では、「より強い影響力をもつポジションに就いて、自分の力をどこまで発揮できるか試してみたい」という強い思いがありました。

一方、家庭では、「なんとかこの家族を守りたい。幸せにしたい」という思いもありました。

ただし、仕事と家庭を両立させるのは、大変なことでした。妻が入退院を繰り返し、うつ病から死への思いが強くなっていた時期でしたし、私の長男は自閉症者でこの頃は幻聴がひどい時期であり、一人で自分の身の回りのことをするのが難しくなっていました。私は仕事に追われつつも、同時に妻と長男の世話や家事について、すべて自分がしなければなりませんでした。

朝早く起きて、自分と妻、長男の分の朝食をつくって食べると、すぐに家を飛び出して電車に乗ります。電車の中では「今日は12時までにあの仕事を片付けて、15時までにあの報告書を書き上げて、18時には会社を出て……」と、今日一日の自分のタイムマネジメントを考えていました。そして会社に着いたら、集中して仕事に取り組みます。

こんな話をすると、「家庭がそんなに大変な状況だったなら、仕事をやめるか、もう少し楽な仕事に替えてもらうかにして、家族のための時間をとるべきだったのではないか」と言う人もいました。

しかし、私はそうしませんでした。

なぜなら仕事は、私を支えてくれる大きな柱だったからです。

あのとき、家族のために仕事をあきらめていたら、おそらくそのことを一生後悔していたでしょう。自分の境遇を恨んだかもしれません。

それは家族にとっても幸せなことではなかったはずです。

私には、家族もまた、自分の心の中で大きな比重を占める存在でした。だから私は、「仕事か家族か」の二者択一ではなく「仕事も家族も」両方とも取ることにしたのです。

人生ではときに選択を迫られます。二つのうち、どちらか一方だけを選ばなくてはいけないときがあります。

しかし、どうしても選べない。どちらも欲しいけれど、どちらかを取ったら、きっとひどく後悔するだろう場合があります。

そんなときには覚悟を決めて、両方とも引き受けてみることです。

ただし、そのときは「時は命なり」という気持ちで、物事に臨んでいくしかありません。どうすれば両立が可能になるか。徹底的に考え抜いて、どちらの目標も勝ち取るのです。

これは大変なことですが、私は自分自身の経験から少々のことは「決意と覚悟があればできる」と思っています。そして、実現できたときには、大きな喜びと達成感を得ることができます。

安藤百福にとって、自分の情熱を傾けた対象は、いうまでもなく食品事業でした。

安藤は1957（昭和32）年、47歳のとき、理事長を務めていた信用金庫が破綻し、自宅を除く財産がすべて取り上げられ、無一文になってしまいました。

しかし、そんな絶望状態の中、彼はそこからたった一人で、世界初のインスタントラーメンの開発に着手します。食品関係の専門家でもなければ、めんづくりの経験もありません。ですが、懸命の努力の末、翌年、あの「チキンラーメン」を世に出すのです。

彼が開発を思い立ったのは、戦後の焼け野原の中で食べるものもなく、餓死していく人の姿を目にしたことが原点にありました。

「人間にとっていちばん大切なのは食だ。食がなければ衣も住も成り立たない」

そんな思いが、彼を食品事業へと向かわせたのです。

そしてもう一つは、「このまま自分の人生を終わらせるわけにはいかない。何か自分の足跡を残したい」という執念だったと思います。

当時、日本人の男性の平均寿命は60歳代前半でした。

47歳だった安藤は「人生の残り時間はもうそんなに長くない」と考えていたのです。そうした中で何かを成し遂げるためには、「時は命なり」という覚悟をもって、命を刻んでいくしかありません。安藤はそういう思いで事を成したのです。

時間の使い方は、人それぞれ自由です。いかようにも使うことができます。

しかし、もし自分の人生を実りあるものにしたいなら、安藤のように自分の命を削って生きてみるという選択肢もあります。

安藤は別の場面で、「人間その気になれば、1日で1カ月分の仕事ができる」と言っています。また、「神はすべての人に1日24時間を与えられた。時間だけは金持ちにも貧乏人にも平等であるが、取り返しがつかない」とも述べています。

人生はたった一度しかありません。

自分に与えられた使命に真剣に取り組み、納得できる人生を歩きたいものです。

7　人生は、自分を見つけるためにあるのではなく、自分を創造するためにある。だから、思い描くとおりの人生を生きなさい。

ヘンリー・デイヴィッド・ソロー

「人生は何のためにあるのか」という問いに対して、アメリカの思想家であるヘンリー・デイヴィッド・ソローは、

「人生は、自分を見つけるためにあるのではなく、自分を創造するためにある」

と答えています。

「自分を見つける」とは、自分がどのような環境で生まれ、誰の影響を受け、どんな経験をして、どこへ行こうとしているか、これらをきちんと把握すること。

つまり、自分を知るということです。

人の性格や価値観は、青年期までをどのような環境で育ったのかが大きく影

響します。ですから「自分はこういう育ち方をしたから、こんなふうになった」と知ることは大事です。

そのために、過去から現在までの自分をじっくりと確認してみる作業が必要になります。

「両親や友人に恵まれたおかげで、明るく前向きな性格になれた」と気づく人もいれば、「両親の愛情を十分に注いでもらえなかったから、いつも不安や寂しさを抱えて生きてきたんだ」という人もいるでしょう。

しかし、見つけるだけでは何も始まりません。

大事なのは、そこから自分を創造することです。

人は過去ではなく、未来に向かって生きています。

「自分を見つける」という作業は、「過去から現在までの自分」を把握し、豊かで幸せな「未来の自分」を築いていくための出発点に過ぎないといえます。

たとえば「明るく前向きな性格になれた」という人は、両親や友人からたっぷりと「愛情」や「信頼」をもらうことができた人でしょう。

ただし、それらは努力してつかみとったというより、与えられたものです。

自分が周りの人からどんな恩恵を与えてもらってきたかを把握したら、今度はその恩恵を活かして、これからの人生をどう創造していくかを思い描いていくことが大切なのです。


神様が人に授けた能力を「タレント」といいます。

どんなタレントであっても、それを活かすかどうかはその人次第。

そのタレントを活かして自分を伸ばしていく人もいれば、せっかくのタレントを自ら潰してしまう人もいます。

重要なのは、「周りの人や神様から何を与えられたか」ではなく、「与えられたものを活かして何を創造していくか」です。

とはいえ、

「両親から愛情を十分に注いでもらえなかった」

「いつも不安や寂しさを抱えながら生きてきた」

「いじめに遭ったために、人間不信になってしまった」

と、負の感情を捨てきれずに苦しんでいる人も多いでしょう。

私も両親との確執に悩んできた人を知っています。青年期までのつらい体験が、今のその人をどれだけ苦しめるか。その苦しみは、私なりに想像できます。

ただ、その一方で、過去のつらい体験を上手に昇華して、力強い人生を歩んでいる人も知っています。


私は以前、『五体不満足』を書いた乙武洋匡さんと会う機会がありました。内閣府の「官民が協働して自殺対策を一層推進するための特命チーム」の委員になったためです。

その会議で、彼の展開する考え方の切れ味には驚いたものでした。

乙武さんは先天性四肢切断（生まれつき両腕両脚がない）という障害をもっていますが、その一方で屈託のない個性と「障害は不便です。しかし不幸ではありません」と言い切る前向きな明るさがありました。「靴の代わりに車椅子に乗る」「障害は個性」ととらえる極め付きの自己肯定感説をもって生きています。

普通に考えたら両腕、両脚がないなど、どれほど不幸かと思われますが、彼はそのことを楽々と乗り越えているのです。

過去や自分の不幸を引きずっていたら、いつまでも未来に目を向けることはできません。両親との確執やいじめられた体験などにずっと縛られているのは、今の自分の人生を過去に明け渡してしまっている状態です。

それはとても悔しいことです。

本来、人生の創造者は自分自身であるべきですから。

もし、重荷を背負い込んだままの人がいるならば、そこから解き放たれることを目指してほしい。難しければ、誰か他者にサポートしてもらいながらでも構いません。自分の人生を歩き出してほしい。なぜなら、人生は未来に向けて「自分を創造するためにある」のですから。

ソローは最後に、「だから、思い描くとおりの人生を生きなさい」と述べています。つまり「あなたの好きなように生きなさい」と言っているわけです。

とはいえ、どう生きればいいのか困ってしまうこともあるでしょう。

そのときはまず、自分は何をしたいのかとことん考えることです。

そして、自分の周りにいる、これはという人の話を聞いたり、優れた書籍を参考にしてみてください。

きっとどう生きるべきかがわかってきます。

人生を創造しながら生きるとは、誰のものでもない自分の人生を深く考え、選びとっていくことなのです。

第2章

相手を否定せず、ときに受け入れよ

8　相手の話に耳を傾ける。これが愛の第一の義務だ。

パウル・ティリッヒ

相手の話にはしっかりと耳を傾けることが大切――。

そのことに、異論を唱える人はまずいないでしょう。

しかし、これができる人は、案外少ないものです。

さらに厄介なのは、自分でちゃんと相手の話を聴いているつもりなのに、実は聴けていない人が多いということ。

たとえば、奥さんでも、子どもでも、友人でも、相手が話し始めたので聴き手になっていたら、しばらくして「もういいよ」と急に話が終わってしまったなんてことはないでしょうか。それは、その人が話をうまく聴くことができなかったからでしょう。

こうしたことが3回も4回も続くと、やがて相手は「どうせこの人に話しても無駄だ」と、話を聴いてもらうこと自体をあきらめてしまいます。

では、なぜ人は、相手の話をきちんと聴くことが難しいのでしょうか。

スティーブン・R・コヴィーは『7つの習慣』の中で、人はえてして自分の過去の経験を相手の話に重ね合わせてしまうため、人の話を聴く際に次の4つの反応をしがちになると述べています。

- ●評価する——同意するか反対するか
- ●探る——自分の視点から質問する
- ●助言する——自分の経験から助言する
- ●解釈する——自分の動機や行動を基にして相手の動機や行動を説明する

つまり、相手の話を聴く前に、すぐに自分の過去の経験をもとに、相手の動機や行動を解釈し、探りを入れ、評価し、助言してしまうわけです。

相手の話を聴いているようで、実は多くの人が自分の過去の経験や教訓を相手に押しつけているといえます。

親子の会話の例で、息子が「実は今勤めている会社を辞めて独立しようと思うんだけど……」と話し出した途端に、父親が「独立なんかして、食っていけると思っているのか？」などと問い返すのは、自分の経験から得た価値観を息子に押しつける典型です。

息子の将来を心配するのは、親として当然のこと。けれども「食っていけると思っているのか？」と問い質す前に、まずは息子がなぜ独立しようと考えているのか、それを聴いてやることのほうが先でしょう。

きちんと話を聴けば、息子が自分とは違う世界で懸命に生きようとしていることに気づきます。「なるほど、息子は息子でいろいろ考えをもって生きているのだな」とわが子の成長に安堵するかもしれません、あるいは、「やっぱり考えが甘い」と厳しい評価をするかもしれません。

いずれにしても、一度その話を聴いたうえで、自分の考えや感想を伝えれば、それは息子の心にも届くはずです。

「相手の話に耳を傾ける」とはそういうことです。

パウル・ティリッヒの言葉にある「愛の第一の義務」とは、「相手の話に耳を傾けることが、人を愛するうえでいちばん大切なことだ」という意味です。

たとえ直接教えは受けていない、けれども、本などを通じて個人的に慕っていたり、敬愛している人がいたとします。

そういう人の話を直接聴けるときには、誰もがその人の言葉をひと言も漏らさず聴きとろうとします。

ところが夫や妻、子ども、両親、友達、部下、同僚といった自分のすぐ身近にいる人の話については、存外耳を傾けようとはしません。

「その人のことが大切ではないのか？」と聞かれたら、「そんなことはない」と答えるでしょう。でも耳を傾けないのです。

それは「この人を知りたい、理解したい」という気持ちよりも、相手に「自分を知ってほしい。理解してほしい」という気持ちのほうが先に立つせいです。

だから相手の話を遮ってまで、自分の話をしてしまうのです。

現在、日本では約3万人の人が自殺しています。

自殺未遂の人はその10倍いると言われ、自殺を考えた人はそれ以上の数に上るでしょう。

そうした自殺者増の流れを少しでも防ごうとするのが、「いのちの電話」という法人組織です。「いのちの電話」は全国各地にあるのですが、どこの法人も相談員不足で、次から次へとかかってくる電話に対応しきれない日々が続いています。

電話の多くは、「辛い」「死にたい」などと誰かに自分の話を聴いてほしい人々です。そのため電話口から切実な思いが伝わってくると相談員は緊張し、必死になってその人の話を聴いてあげるそうです。話を聴いてもらい自殺を踏みとどまった人がお礼の電話をしてくることもあるといいます。

人の話を聴いてあげることで命をとりとめたという現実を知ると、人の話を聴くことの大切さがよくわかります。

　このように自分が「私のことを知ってほしい。理解してほしい」と思っているのと同じぐらいに、相手もまた「私のことを知ってほしい。理解してほしい」と思っています。そうならば、自分の話したいという欲求はおさえて、ときに聴き手に回ることが相手に対する愛情というものではないでしょうか。

　相手のことを大切に思うのであれば、相手が何を感じ、何を考えているのかに深い関心をもち、言葉に耳を傾ける。

　ティリッヒが言うように、それこそ愛の第一の義務なのです。

9　強くなければ生きていけない。
やさしくなければ生きる価値がない。

レイモンド・チャンドラー

レイモンド・チャンドラーは自らの小説『プレイバック』で、主人公の探偵フィリップ・マーロウにそう言わせています。

この言葉は、ヒロインの女性から「あなたのように強い人が、どうしてそんなにやさしくなれるの？」と聞かれたときに、マーロウが答えたものです。

では、はたして自分自身はどうか。

そう己に問いかけてみると「強さとやさしさ、どちらももっている」と断言できる人は、あまりいないのではないでしょうか。

強さは備えているけれど、やさしさには欠ける。

やさしさはあるけれど、強さに欠ける。

では、「強さ」と「やさしさ」、この両方を兼ね備えた人がどれだけいるかというと、これまで私が出会ってきた人を振り返ってみてもそう多くはありません。

それだけ、この二つを両立させることは難しいのでしょう。

人は生きているとさまざまな困難に直面したり、厳しい競争を勝ち抜かなければいけない場面に必ず遭遇します。それを乗り越えるためには「強さ」が必要です。

第二次世界大戦中、イギリスの首相を務めたウィンストン・チャーチルはまさに「強さ」を備えた人でした。彼はもともと軍人として戦地で活躍していました。あるときは戦場で捕虜になるも脱走し、敵地から勇敢に帰還したことで、母国の英雄とたたえられるような人物でした。そんな彼は「悲観主義者はいかなる機会にも困難を見出し、楽観主義者はいかなる困難の中にも機会を見出す」という名言や「成功とは意欲を失わずに失敗に次ぐ失敗を繰り返すことである」という金言を残しています。

ドイツ軍によってフランスが占領され、イギリスも苦境に立たされる中、不屈の闘志で戦い続け、ついにはイギリスを戦勝国に導きました。彼は言葉通り、どんな難局だったとしても、その困難の中に機会を見つけ、雄々しく立ち向かっていったのです。

もし彼が弱い首相だったら、フランスと同様、イギリスもすぐにドイツに降伏していたかもしれません。そうなれば、第二次世界大戦の趨勢《すうせい》は大きく変わっていたでしょう。ですから非常時のときほど、人は危機を乗り越える強さが求められます。

一方で、チャンドラーはマーロウに、「やさしくなければ生きる価値がない」とも言わせています。

「強さ」がないと「生きていけない」と言わせているのに対し、「やさしさ」がないと「生きる価値がない」とまで言わせているのですから、どうやらチャンドラーは強さよりもやさしさに重きを置いていたようです。

私は、やさしさとは「思いやり」だと考えています。

たとえば組織の中では、いろいろな人がさまざまな思いを抱えながら仕事をしています。

働く姿勢は一生懸命だけれど仕事のスキルが追いついていない新入社員、不本意な部署に異動になって落胆している中堅社員、仕事と家庭の両立に苦労しながら働いている女性社員もいるかもしれません。

私は、「やさしさ」（思いやり）とは、自分と関わりをもった一人ひとりの気持ちや立場に、自分の気持ちを重ね合わせて、その人の成長や自己実現、そして幸せを心から願うことだと考えています。

ただし、どんなに部下のことを思いやり、彼らの成長や自己実現を願ったとしても、それだけでは不十分です。その思いを実現させるための「能力」や「強さ」がないと、彼らを幸せにすることはできないわけです。

「やさしさ」を形にするためには、「強さ」が必要です。

そして、「やさしさ」を形にするための手段として「強さ」を発揮できたとき、はじめて「強さ」は意味のあるものとなります。

ですから「自分にやさしさはあるが、強さはない」という人は、どうかそのやさしさを単なる「思い」で終わらせず、「形」にしていくためにも、強さを身につけてください。「やさしさ」と「強さ」を身につけた人は、周りの人に元気を与え、世の中を明るくします。

「強さはあるが、やさしさがない」という人も同じです。

困難を克服したり、仕事を成功させる強さがあっても、その強さが自分本位であれば、誰からも感謝されません。周りの人を幸せにすることもできません。

そういう生き方は、やがて自分自身をも不幸にします。自分を心から慕い、苦楽を共に分かち合う仲間が得られず、孤立していくことになるからです。

人は強くなければ生きていけません。

しかし、強いだけでは、仲間と絆を育みながら喜びの多い人生を歩むことはできなくなります。だからこそ私は、「強さ」と「やさしさ」の両方を身につけてほしいと願っています。

そのことが人を幸せにできるだけではなく、自分自身をも幸せにできるからです。

ときに「強く」、ときに「やさしく」。

そんな生き方を少し意識してみるだけで、今まで以上に充実した日々を過ごせるはずです。

10 変えられるものを変える勇気と、
変えられないものを受け入れる冷静さと、
両者を見分ける知恵を与えたまえ。

ラインホルド・ニーバー

アメリカの神学者ラインボルド・ニーバーは、1943年にマサチューセッツ州の小さな教会で祈りの言葉を口にしました。

神よ、
変えることのできるものについて
それを変えるだけの勇気をわれらに与えたまえ。
変えることができないものについては
それを受け入れるだけの冷静さを与えたまえ。
そして、変えることのできるものと、変えることのできないものとを識別する知恵を与えたまえ。

ここでニーバーは三つのことを言っています。

一つ目は、変えることのできるものを変えるためには、「勇気」が必要なこと。

二つ目は、変えることができないものを受け入れるためには、「冷静さ」が必要なこと。

そして最後の一つは、変えることができるものと、変えることができないものを識別するためには、「知恵」が必要なこと。

「変えることのできるものを変えるためには、勇気が必要」とは何でしょうか。

人種差別の解消を求めて1950年代から60年代におこなわれたアメリカの公民権運動のことをご紹介します。

当時、アメリカの南部では、公共施設や交通機関が白人用と黒人用に分けられていました。バスでは、前部の白人用座席が満員になると、後部座席に座っていた黒人は席を白人に譲らなくてはいけないという決まりです。

ところが1955年12月、アラバマ州の州都モントゴメリーで事件が起きます。バスの運転手が、白人用座席が満員になったので黒人乗客に席を譲るように命じたところ、命令を拒否する黒人女性が現れたのです。

女性は人種分離法に違反したという理由で逮捕されてしまいました。

この逮捕に抗議して、バスの乗車ボイコット運動が起こりました。市民に呼びかけたのは、同じ街に住んでいたマーティン・ルーサー・キング牧師です。キング牧師の呼びかけに応じて、市内の全黒人がボイコット運動に参加しました。

やがて、その運動に共鳴した白人やその他の有色人種からも協力が得られるようになり、ついにはバスの中での人種差別が撤廃されることになったのです。

一地方都市で起きたバス乗車ボイコット運動を機に、差別撤廃を求める動きは全米に広がっていきました。そしてこの動きが、のちに人種差別の禁止を国として定めた公民権法の制定へとつながっていったのです。

白人に席を譲ることを拒否した黒人女性と、乗車ボイコット運動を呼びかけたキング牧師。運動のきっかけとなった2人ですが、その一歩を踏み出すには、大変な勇気が必要だったと思います。事実、キング牧師は「自分の呼びかけにどれだけの黒人が応じてくれるか、最初の1日目は不安で仕方がなかった」と自著の中で述べています。

しかし、キング牧師は考えたのです。

人として当たり前の権利を黒人が与えられていない現状を「変えなくてはいけない。いや、変えられるはずだ」、と。そのために、さまざまな困難が降りかかるであろうことを覚悟したうえで、彼は行動を起こしたのです。

「変えることのできるものについて、それを変えるだけの勇気」、これはまさにそういう勇気です。

では、「変えることができないものを受け入れるためには、冷静さが必要になる」。これはどういうことでしょうか？

そもそも人生には、受け入れるのは耐え難いほど苦しいけれど、それでも受け入れざるを得ないものがあります。

かつては愛し合っていたのに、すでに相手の気持ちが自分から離れてしまっている場合があります。昔の関係に戻ることはもはやできません。にもかかわらず、相手を追い求め続ければ、それはストーカー行為になってしまいます。そんなときは現実を冷静に受け入れなければなりません。

また、仏教でいう「生老病死」。これも自分にはどうしようもないことです。人は生まれてくる環境を選べませんし、老化や病気、死からも逃れられません。

やはり最後は、冷静に自分の病気や死を受け入れなくてはいけないのです。

自分の力で変えられないもの、思い通りにならないものに対し、人は「それでもなんとかしたい」という欲求をもちます。

だからこそニーバーは「変えることができないものについては、それを受け入れるだけの冷静さを与えたまえ」と言ったのではないでしょうか。

私自身もかつて、上司に対して「変わってほしい」という思いと、「でも変わってくれない」というギャップに苦しんだことがありました。まだ私が役職に就く前のことです。

その上司は、いつも成り行きで仕事を進めていました。

重要度も緊急度も低い資料を作成するため部下に急な残業を命じたり、終業時以降の会議を連日行ったりして仕事の効率を下げるなど、部下の都合を無視していました。私が抗議をしても、いっこうに改めようとしませんでした。

そしてついに、私はこの人を変えるのは無理だとあきらめたのです。

精神科医のエリック・バーンは、

「他人と過去は変えられない。自分と未来は変えられる」

と述べています。まさに、私は上司という「他人」を変えることをあきらめ、「自分が上司になったら絶対にあんなふうにしない」と心に誓いました。

この上司に限らず、当時、日本の企業には社員のプライベートの事情を犠牲にしてでも長時間労働を是とする考え方がまだありました。そこで私は、自分が課長になったときに、徹底した計画的、効率的チームマネジメントを実践し、自分が任された部署からそうした価値観を変えていきました。

つまり、私は「上司を変えたい」という思いは「変えられないもの」として受け入れ、「課長として自分の課から変えていく」という「変えることのできること」に自分のエネルギーを注力したのです。

私たちは、自分の力で「変えられるもの」と、「変えられないもの」を識別し、「変えられるもの」には勇気をもって変えていくことが大事です。

とはいえ、世の中にはこの識別が難しいものはたくさんあります。

たとえば、差別意識は人間の心性《しんせい》に根づいたもの。なくすことは不可能に思えます。しかし、差別意識を一気に撲滅できなくても、公民権運動のように少しずつ変えていくことは可能です。

先ほど「他人と過去は変えられない」と言いましたが、他人であっても粘り強く働きかければ、変わってくれる人もいます。

それゆえニーバーも「変えることのできるものと、変えることのできないものとを、識別する知恵を与えたまえ」と言いました。

私たちは知恵を働かせながら、相手を注意深く識別していく必要があります。

そうすることが、不平不満にとらわれず、新たな一歩を踏み出すことにつながるからです。

11　弱い者ほど相手を許すことができない。許すということは、強さの証だ。

マハトマ・ガンジー

ガンジーが「許す」という言葉を口にするとき、その言葉の重みはほかの人とまったく違ってきます。

なぜならガンジーは、私たちが「許せない」と怒りに打ち震えてしまう場面でも、常に他者を許すことの大切さを唱え、それを実践してきたからです。

ガンジーは人生の多くを、母国インドのイギリスからの独立運動に捧げました。

そのときに用いた手段は、「非暴力、不服従」でした。

一般には、独立運動が始まるとテロが頻発したり、内戦状態になったりすることが多いものです。ですが、ガンジーはけっして暴力を選びませんでした。

その考えに多くの人が共鳴し、やがてインド各地で非暴力を旗印にした抵抗運動が組織されました。

　彼らの姿勢は徹底したものでした。

　たとえば、イギリスの警官が独立運動をしている人たちを弾圧するために、警棒を振り回したり、銃で発砲したとします。しかし、彼らはけっして反撃しません。

　たとえ銃で撃たれて死に瀕することになっても、その場から逃げず、ひたすら立ち止まって抵抗を続けました。これはものすごい勇気と覚悟を伴う行為です。


　それにしてもガンジーは、なぜ非暴力を唱えたのでしょうか。

　ガンジーは「目には目をという考え方では、世界中の目を潰してしまうことになる」という言葉を残しています。「目には目を」「暴力には暴力を」で対抗したら、それは憎しみと暴力の連鎖を生むだけになってしまいます。

もし、自分たちを弾圧するイギリス人の警官に暴力を振るって彼を殺してしまったら、殺された警官の妻や子どもは、インド人に強い憎しみを抱くでしょう。そして今度はその警官の子どもが、父親の復讐のため自分たちに暴力を振るうかもしれません。こうして憎しみと暴力の連鎖が続くわけです。

憎しみと暴力の連鎖は、どこかで断ち切らなくてはいけません。

そこで「私たちのところで断ち切ろう」と決意したのです。

独立運動の現場では、非暴力で抵抗を続ける市民を前にして、最後は警官や兵士たちが逃げ出す場面も多く見られました。

こうしてインドは長い苦闘の末、イギリスから独立を勝ちとりました。

憎しみと暴力の連鎖を断ち切る。

そのために必要となったのが、「許す」ことです。

ガンジーは「罪を憎みなさい。罪人を愛しなさい」とも言っています。

彼はイギリスが犯した罪については、強い憎しみや怒りを抱いていました。

私は怒りを抱くことが、悪いことだとは思いません。

「こんな世の中でいいわけがない。社会を変えなくてはいけない」という強い怒りがエネルギーとなり、私たちの社会を前進させていきます。

ガンジーも、イギリスのことは絶対に許しませんでした。

だから、激しい抵抗運動を長年にわたって続けることができたのです。

しかし、一方で、イギリスのことは憎んでも、イギリス人のことはけっして憎もうとしなかった。孫のアルン・ガンジーさんによれば、ガンジーは「イギリス人が敵なのではなく、彼らの考え方が敵なのであり、問題さえ解決すれば必ず良き友人になれる」と言っていたそうです。そして非暴力の抵抗運動によって、イギリス人の良心に訴えかけることで、インドに対する態度を変えさせようとしたのです。

「罪を憎みなさい。罪人を愛しなさい」

このガンジーの言葉と同じ意味で日本には、「罪を憎んで人を憎まず」という言葉があります。罪は憎まなくてはいけないが、罪人については、罪を犯さざるを得なかった事情があるはずだから憎んではいけないというものです。ガンジーの思想は、私たち日本人にもなじみ深い考え方です。

ただし、現実には、これを実践できている人はほとんどいないはず。

私だって、もし、自分の大切な家族が、誰かの暴力によって大怪我をしてしまったら、相手を許せるかどうか自信はありません。

その人が犯した罪も憎むでしょうし、その人自身のことも憎むでしょう。

しかし、それでも、ガンジーは「許しなさい」と言います。

「弱い者ほど相手を許すことができない。許すということは、強さの証だ」、と。

おそらくその通りなのでしょう。

私たちは許すことによってでしか、憎しみと暴力の連鎖を断ち切ることはできないのですから……。

多くの人は、ガンジーのように強い人間ではありません。

だから残念ながらガンジーにはなれません。

しかし、ガンジーにはなれなくても、ガンジーを目指すことならできます。

怒りのあまりに相手を罵倒したり、傷つけたりしたくなったときに、ほんの一瞬でもいいからガンジーの言葉を思い返すことができれば、それを克服できるかもしれません。

もしかしたら「彼がやったことは許さないが、彼自身のことを許そう」という気持ちをもてるかもしれません。

ガンジーの言葉を思い返したとき、私たちは少しだけ憎しみから解放され、自分の心を穏やかにすることができます。

12　施して報を願はず、受けて恩を忘れず。

中根東里

「これをしてあげれば、きっとあの人のためになるはず」

そう考えて、大変な思いをしながらやってあげたのに、まったく相手から感謝してもらえないときがあります。

また「あの人が困っているときに助けてあげたのだから、私が困っているときに、あの人は助けてくれるはず」と期待していたのに、相手がまったく恩を返そうとしてくれないときもあります。

こんなとき私たちはがっかりするし、「なんて恩知らずな人なんだ」と腹が立つものです。しかし、江戸時代の儒学者である中根東里《なかねとうり》は「人に施しをおこなっても、お返しを期待してはいけない」と言っています。

なぜ、お返しを期待してはいけないか。

お返しを期待するということは、お返しがないならしないということになります。

つまり、「その人のために」ではなく、「自分の利益のために何かをする」ということになってしまうわけです。

人は「人のために貢献したい」という本能をもっているものです。もちろん、何か見返りを期待したいという気持ちが生ずることはありますが、とっさの行為というのは無償のおもいやりです。また一方で、自分が心を砕いて何かをしてあげても、相手の感性が鈍ければ、まったくそのことに気づいてくれないこともあります。この場合、相手に悪意があるわけではありません。

相手のために良かれと思ってやっていることでも、実は相手が迷惑に感じていることさえあります。相手が本当に喜んでくれているかどうか、ありがた迷惑になっていないか、相手の様子を観察しなくてはなりません。

「施して報を願はず」という言葉で私が思い出すことがあります。マザー・テレサのところでボランティアとして働いていた日本人商社員の奥さんたちです。

彼女たちは、貧しい人たちに食事を出すお手伝いをしていたのですが、インタビューに対して次のように話していました。

「私たちはマザーのために協力しているのではありません。ボランティアが終わった後には、困っている人たちのために働くことができたという充実感と爽快感があり、その気持ちを味わうために手伝っているのです。これは自分のためにしているのです」と。

私は人が働くということは、

「自分が成長するため、そして誰かに貢献するために働くものだ」

と考えています。

彼女たちは、まさに人に貢献する喜びを感じるために働いているといえます。

私たちは誰かに貢献するために働いているのですから、たとえ感謝の言葉をもらえなかったとしても気にすることはありません。自分が何かを施したことで、相手が幸せそうな表情をしているのならそれで十分といえます。

相手が感謝の気持ちを述べてくれたらうれしいけれども、その感謝の気持ちは「たまたま偶然もらえるご褒美ぐらい」に考えておけばいいのです。

一方で、中根東里は、

「人から受けた恩についてはけっして忘れてはいけない」

とも言っています。

先ほども述べたように、相手から何かをしてもらったとき、人はその恩に気づかないことがあるものです。

相手から贈りものをもらったり、病気のときに看病してもらったりと目に見えることであれば、「あのときはお世話になったな」とすぐに気づきます。

けれども、たとえば上司から叱られたときはどうでしょうか。

上司が、部下の成長を考えて叱ったとします。ところが、部下は「うちの上司はがみがみとうるさいなあ」という程度にしか感じていないことがあります。

その部下が「あのとき上司があんなに自分のことを叱ってくれたのは、こういう意味があったのか」と気づくのは、だいぶ時間が経ってからかもしれません。感謝の気持ちを述べたいと思っても、その上司はすでに定年退職をして会うことができなかったりします。

そうならないためには、相手が自分に何かをしてくれたときに、

「この人はどうして、私にこんなことをしてくれるのだろう」

「なぜ、あんなことを言ったのだろう」

と想像力を働かせ、振り返ってみることが大事です。

想像力を働かせたぶん、人間の感性は磨かれます。

感性が磨かれれば、人の気持ちに敏感になります。

人に施しても報いを願わなければ、謙虚な人になることができます。

そして、受けた恩を忘れなければ、周りの人たちに常に感謝できる人になれます。

この言葉を心に刻んでおけば、周りから「あの人は謙虚な人だ」と敬愛され、周りの人にも感謝の気持ちを忘れずに生きていくことができるのです。

13　独創力とは思慮深い模倣以外の何ものでもない。

ヴォルテール

独自の発想で、まだ世の中に存在していない新しいものをつくり出す能力、これを「独創力」といいます。

しかし、どんなに新しい発明や発見も、まったくのゼロから生み出されるものではありません。すでに世にある製品や、既存の理論、現象の影響を受けて生まれてくるのです。

このことは、独創性が重視される芸術の世界も同じです。

写真の影響を受けて印象派の作品が誕生したように、既存の作品からヒントを得たり、既存の作品に手を加えたりして、新しいものがつくり出されます。

だから、ヴォルテールが言うように、独創は思慮深い模倣から生まれるのです。

模倣から独創を生んでいくことが大事なのは、芸術や学問といった特別な世界だけではありません。会社の仕事、たとえば、営業や総務といったことでも同じです。

私が会社員時代、新しい課に転属したときにまず取り組んだのも、先人たちの「模倣」でした。30代半ば、東レの繊維企画管理部に異動になったとき、書庫の書類整理をしたのです。

その書庫には、これまでの経営会議や常務会の資料、さまざまなプロジェクトのレポートが所狭しと収められていました。私は作業着に着替え、朝から夕方まで毎日片っ端から資料を読み、不要と判断したものは捨て、残すべき資料はカテゴリー別に仕分けをしていきました。そして、すべてのリストを作成しました。

この作業はたいへん興味深いものでした。

なぜなら、長い間の先輩たちの労作、いわば歴史的仕事の棚卸しだったからです。1カ月かけてようやく整理が終わりました。それまで仕事もせずに書庫に入り込んだままの私を不思議そうに見ていた上司は、待ってましたとばかりに次々と仕事を与えてきました。ここでリストの作成が活きてきます。

会社の仕事の大半は、同じことの繰り返しだからです。

私が上司から与えられる仕事のほとんどは、過去に先輩たちが分析したもので、その優れたレポートは書庫に保管されています。ですから、上司から「○○についての分析をしてくれ」と指示されても、リストから似たようなテーマのファイルを見つけ、その考え方や手法を借用すればいいわけです。それを最新のデータに置き換えて自分の知恵を付け加えます。

すると自分でゼロから調べたり考えたりする半分以下の時間で、質の高い仕事ができます。

私はこのことを「プアなイノベーションより優れたイミテーション」と言っています。若いときは優秀だった人間が、必ずしもその後、成長し、成功するわけではないのです。

新入社員が100人いたら、そのうちの数人は「これはとんでもなく頭がいい」という人がいるものです。ところが10年後、20年後の姿を見ると、いいモノはもっているはずなのに、それを十分に活かしきれていない人が多いのです。むしろ、目立たなくてもコツコツまじめに仕事をしてきた人のほうが、30代や40代になったときに良い仕事をしています。

これはおそらく頭がいい人は、自分の才能に恃《たの》みすぎるからでしょう。「人のマネなんかしたくない。自分は能力があるんだから自分の力でやっていくんだ」と考えて、先人から学ぶことをおろそかにします。

だから誰にも頼らずに自力でやり遂げた仕事かもしれませんが、「プアなイノベーション」のレベルを超えることはないわけです。

一方、凡人ではあっても、自分一人の力の限界を知っている人はそうはしません。

先人の考え方ややり方を素直に模倣しようとします。模倣するうちに、その考え方ややり方を自分のものとし、さらにそこに自分なりの考えを付け加え、独創的なものへと高めていきます。

ですから本当に独創力を磨きたいのなら、「プアなイノベーション」にこだわるより、まずは「優れたイミテーション」から始めたほうがいいのです。

ヴォルテールの言葉で、とくに意識してほしいのが「思慮深い模倣」という部分です。単なる模倣だと、それはコピー・アンド・ペーストに過ぎません。

思慮深い模倣ができる人は、先輩から学ぶときも、本を読むときも、その中から、とくに優れている部分をエッセンスとして抽出し、自分の仕事に応用することができます。

科学者が物理現象や自然現象から法則性を導き出すのと同じように、複雑な事象を整理し、パターン化してみるのもいいでしょう。いくつかにパターン化できれば、新しい仕事に取り組むときも、「この仕事は、過去にやったあのときの仕事と似ているから、同じパターンでやればいい」と応用が利きます。

思慮深い模倣を究めることで、私たちは独創性へと至ることができます。

14　人生における最高の幸福は、我々が愛されているという確信である。

ヴィクトル・ユゴー

ユゴーの言葉を知ったとき、私が思い出したのは、『日本でいちばん大切にしたい会社』の中に出てくる、日本理化学工業の大山泰弘会長のエピソードでした。

日本理化学工業はチョークの製造会社ですが、社員の約7割が知的障害者です。

これほど多くの知的障害者を雇用することになったのは、あるとき養護学校の先生から2人の知的障害の少女を雇ってほしいと頼まれたのがきっかけでした。少女たちは勤務時間中、ひと言も口をきかず、無心で仕事に励んでいました。お昼休みのベルが鳴っても手を止めようとせず、ほかの従業員から「もうお昼休みだよ」と肩を叩かれて、やっと気づくほどだったそうです。

どうしてこんなに一生懸命働くのだろうか？

疑問に思った大山さんは、禅寺の住職と話す機会があったときに、「施設にいれば楽に生活ができるのに、なぜわざわざうちの工場で働こうとするのでしょうか」と訊ねました。

するとと住職は次のように答えました。


「人間の幸せは、ものやお金ではありません。

人間の究極の幸せは次の四つです。

『人にほめられること』

『人の役に立つこと』

『人から必要とされること』

『人に愛されること』

愛されること以外の三つの幸せは、働くことによって得られます。障害をもつ人たちが働こうとするのは、本当の幸せを求める人間の証なのです」

この言葉を聞いて、大山さんは彼女たちが必死に働こうとする理由がわかりました。そして彼女たちと同じように、自分が人に必要とされている実感や、人の役に立っている実感を味わいたいのに、それが叶わずにいる知的障害者のために、「雇用の場を提供しよう」と決意したのです。

私も住職の言葉にはとても共感できるのですが、私自身は「人に愛されること」の幸せは、働くことによっても得られると思っています。

事実、2人の少女はその会社の従業員から愛されていました。

実は養護学校の先生は正式採用を申し入れていたのですが、大山さんが「それは困る。2週間だけの就業体験なら受け入れる」と条件をつけていたのです。

ところが、就業期間が終わろうとする頃、1人の女性社員が大山さんのところにやってきて、こう言いました。

「こんなに一生懸命やってくれているんだから、1人か2人だったらいいんじゃないですか。私たちが面倒をみますから、あの子たちを雇ってください。これは社員の総意です」と。

この言葉に動かされて、大山さんは少女たちを正式に雇用することにしたのです。

女性社員が大山さんに迫ったのは、それだけ2人の少女がほかの社員から愛されていたからです。「人の役に立ちたい」「人から必要とされたい」と一生懸命働く少女たちの姿に心を打たれ、「この子たちとこれからもずっと働きたい」と強く感じたということでしょう。

「人から愛される」ことは、働くことでも得ることができるのです。

ただし、働くことはけっして楽しいことばかりでありません。

現実には、つらいことのほうが圧倒的に多いものです。

思わぬ課題を突きつけられることもありますし、上司や部下、お客様との人間関係に悩んだり、ときにはひどい裏切りを受けて傷つくこともあります。

それでも私たちが働き続けようとするのは、収入だけではなく、仕事を通じて、「人からほめられたい」「人の役に立ちたい」「人から必要とされたい」そして「人から愛されたい」という欲求があるからではないでしょうか。

この四つの欲求のうち、いちばん難しいのが「人から愛されている」という実感を得ることです。たしかに仕事をしていれば、「人からほめられた」「人の役に立っている。必要とされている」と感じることはあります。

しかし、「人から愛される」というのは、もう一段高いレベルです。簡単には得られません。

では、「人から愛される」ためにはどうすればいいでしょうか。

いちばんの近道は、自分から人を愛することでしょう。

仕事でいえば「お客様のために、同僚や部下のために、社会のために自分は何ができるだろうか」という思いをもって働くことです。

78ページでガンジーの言葉を紹介しましたが、私は以前彼を主人公とした映画を観たときに、「ガンジーはインドでいちばん幸せな人だ」と感じました。

ガンジーは国を独立に導くことに自らの人生を捧げました。インドという国を愛し、そこに住むすべての人を愛しました。

だからこそ彼は、あらゆるインド人から敬愛されたのです。

ガンジーが人々の前に姿を現すと、誰もが彼に駆け寄り、声をかけ、手を握ろうとしました。きっとガンジーの心の中は「愛されている」という幸福感でいっぱいだったことでしょう。

私たちもまた同じです。お客様や一緒に働く仲間、社会のために何ができるかを考えて働かなければなりません。

もちろん仕事以外で、家族や友人のことを大切にしながら生きていくことも大事です。いつも人を愛することのできる人が、人から愛される人になります。

第3章

苦難のときこそ、常に前を向く

15

人間は負けたら終わりなのではない。
やめたら終わりなのだ。

リチャード・ニクソン

リチャード・ニクソンというと、民主党への盗聴事件が原因で大統領を辞任したウォーターゲート事件が有名で、ダーティなイメージがあるかもしれません。

しかし、大統領在任中はベトナム戦争でのアメリカ軍の完全撤退を実現したり、中国との国交樹立、ソ連との緊張緩和（デタント）、環境保護政策の推進など、その手腕は高く評価されていました。

もし、ウォーターゲート事件がなければ、アメリカを代表する偉大な大統領の一人に名を連ねることができていたかもしれません。

そのニクソンの言葉は、彼が１９６０年の大統領選挙でケネディに敗れたときに口にしたものです。「私はたしかに大統領選挙に負けた。しかし、これで私の人生が終わったわけではない。志を捨てたときが終わりなのだ」と彼は言いたかったのでしょう。

ニクソンはその2年後、カリフォルニア州知事選挙に立候補します。しかし、この選挙でも彼は落選してしまいます。アメリカ国民の多くは、「これでもうニクソンの政治生命は完全に終わった」と感じたはずです。

ところがニクソンの闘志は衰えず、68年の大統領選挙に再び出馬します。そしてまれにみる接戦の末に勝利して、第37代アメリカ合衆国大統領に就任したのです。

「人間は負けたら終わりなのではない。やめたら終わりなのだ」という言葉の通り、やめなかったからこそ勝ちとった大統領のイスでした。そして泥沼に陥ったベトナム戦争を終結させ、著しく悪化していた東側諸国との関係を修復するために、全力を尽くしたのでした。

私はとりわけ、「やめたら終わり」という部分に深く共感します。

若いとき、同じ気持ちで仕事をしていたことがあるからです。

30代前半のときです。私は経営危機に陥っていた北陸のある大手繊維商社の救済のために、東レからその会社に出向したことがありました。その会社の経営状態は目を覆うばかりに脆弱で、やらなければいけないことは山積み。残業時間が200時間を超える生活が毎月続きました。正直「本当にこの会社を立て直すことができるのだろうか」と途方に暮れそうになったことが何度もありました。そんな私を支えていたのが「やめたら終わり」という気持ちでした。

私たちが経営再建をあきらめれば、その会社は確実に潰れ、社員やその家族は路頭に迷います。その会社が倒産した場合、連鎖倒産が起きる可能性もあり、地域経済に与える影響も深刻になることが予想されました。だから私たちは、絶対にやめるわけにはいかなかったのです。

結局、その会社は、私が出向していた3年半の間に立て直すことはできませんでしたが、その後十数年をかけて再建できました。これは、社員が最後まで「やめなかった」からこそできたことです。

もう一つ、「やめたら終わり」に関するエピソードです。

東レでは、炭素繊維という事業を手がけています。

炭素繊維は鉄の10倍以上の強度をもち、なおかつ重さは4分の1という画期的な新素材です。06年には東レの炭素繊維がボーイング社の「ボーイング787」に全面採用されて大きな話題となりました。今ではさらに技術革新が進み、自動車の部品にまで炭素繊維が使われています。

東レはこの炭素繊維市場において、断トツのシェアトップを誇っています。これは東レにとって大きな強みです。

けれども、ここに到るまでには数々の苦難がありました。東レは何度も炭素繊維市場からの撤退を検討しました。研究開発を始めてから40年もの間、ずっと実用化がままならず赤字が続いていたからです。東レと同時期に研究を始めた海外の企業も撤退が相次ぎました。

しかし、東レでは撤退が議論されるたびに、最終的にはいつも継続を決定していました。なぜなら「もし炭素繊維を実用化できたら、これは世の中を変えるとんでもない新素材になる」という夢があったからです。そして「自分たちの技術力だったら、いつか必ず炭素繊維を実用化できるはずだ」という自信もありました。だから赤字が続いても、最後までやめなかったのです。

東レが炭素繊維事業で成功を収めることができたいちばんの理由。それは夢をもち続けたからです。研究開発を最後まで「やめなかった」技術者と経営者の執念ともいえます。

もちろん一方で、物事には「やめなくてはいけないこと」もあります。スポーツ選手がユニフォームを脱ぐときのように、やめどきを見極めるのも大切です。

しかし、多くの人は、まだやめる必要がない段階で簡単にあきらめすぎます。私たちがやめてもいいのは「思い浮かぶ手段はすべてやり尽くし、どう考えても無理だ」とか「全力を尽くして挑戦したので、なんの悔いもなく別の道に進むことができる」といったときだけなのです。

ですから、夢があるのなら、志があるのなら、その志の火が燃え続けている限りはやめてはいけません。負けても終わりにはなりませんが、やめたら終わりになってしまうのです。

16　苦難がくればそれもよし、順調ならばさらによし。

松下幸之助

松下幸之助は自宅で家族とソケットの製造販売を手がけることから始めました。のちに松下電器（現・パナソニック）を世界的な大企業にまで成長させましたが、その過程にはさまざまな苦難がありました。

「経営の神様」と言われても、何もかもが順調に進んだわけではありません。

１９２９（昭和４）年に起きた昭和恐慌のときがそうでした。アメリカから始まった世界恐慌の影響を受けて、日本経済も危機的な状況になり、倒産する企業が相次ぎました。松下電器の商品も売れなくなり、倉庫は在庫でいっぱいです。

幸之助は幹部から、「もうダメです。これは従業員のクビを切るしかありません」と社員のリストラを進言されましたが、首を縦には振りませんでした。

選んだのは「社員の雇用は絶対に守る。給料も減らさない」ということ。

その代わり幸之助は在庫の商品を、社員総がかりで、休日返上で売るように命じました。

みんなで一丸となって販売活動に取り組んだ結果、在庫になっていた商品を3カ月ですべて売り切りました。こうして松下電器は、なんとか苦境を脱することができたわけです。

このときの経験によって社員の間に生まれたのが、「うちの会社は何があっても自分たちの雇用を守ってくれる」という会社への強い信頼感と、「だから自分たちも会社のために尽くそう」という愛社精神でした。松下電器は昭和恐慌が起こる前よりも、結束の固い企業になりました。つまり、苦難があったからこそ、その苦難を乗り越えて松下電器は強い企業になったのです。

幸之助の「苦難がくればそれもよし、順調ならばさらによし」という言葉は、『松下幸之助一日一話』の中に収められています。この言葉の前後を紹介しましょう。

「わが国では、毎年、台風や集中豪雨で大きな水害を受けるところが少なくない、しかし、これまでの例からみると、大雨が降って川があふれ、町が流れてもうダメかといえば、必ずしもそうではない。数年もたてば被害を受けなかった町よりも、かえってきれいになり、繁栄していることがしばしばある。

もちろん、災難や苦難はないに越したことはないが、思わぬときに思わぬことが起こってくる。だから苦難がくればそれもよし、順調ならばさらによし、という心づもりを常に持ち、安易に流されず凡に堕さず、人一倍の働きを積み重ねていくことが大切だと思う」

本当にその通りだと思います。

私たち家族も危機的な状況がありましたが、今ではみんなが深い絆で結ばれています。家族の誕生日やクリスマスのときなどしばしば一緒に食事をするのですが、時間を経つのも忘れて楽しく話し合います。苦難があったからこそ、私たちはより強固な家族になることができたのではないかと思っています。

そう考えると、たしかに「苦難がくればそれもよし」だなと思うのです。

もちろん、苦難や苦境がないに越したことはありません。

けれど、どんなに順風満帆な人生を歩んでいても、一度や二度は苦難や苦境に直面することがあるものです。

そんなときは幸之助のように「よし、これは自分を強くするチャンスだぞ」「会社やチームにとってもチャンスだぞ」と考えられれば、前向きな気持ちで物事に取り組むことができます。どんな困難に遭遇しても気持ちを強く保てますから、結果的に困難を乗り越えられる可能性が高いわけです。

ｉＰＳ細胞（人工多能性幹細胞）の研究でノーベル賞を受賞した山中伸弥教授のエピソードは興味深いものです。

山中教授は最初、整形外科医を目指したのですが、ほかの医者が20分で終わる手術に2時間ほどかかったり点滴に失敗するなどし、指導医から「お前は山中ではなく、〝ジャマナカ〟」と邪魔者扱いされ、「整形外科医は向いていない」

と痛感し研究者の道に転向したといいます。

その後はどうしたら人の3倍研究ができるかを考え、ほとんど寝ずに研究を続けることも多く、ハードワークでは誰にも負けない自信があったといいます。そうした地道な努力があの画期的成果につながったのです。


幸之助は「苦難もいいけれども、順調ならばもっといい」とも言っています。

私たちは人生を順調に歩んできた人を見ると、「この人は苦労知らずだな」と見下げた評価をしがちです。しかし、その人が何の苦労もしていないかというと、けっしてそんなことはありません。

人は大なり小なり、苦難を経験しているものです。

人の話に素直に耳を傾け、自分自身でも懸命に頭を働かせ、常に努力を惜しまなかったからこそ、成功を収められるわけです。そして一時的な成功で慢心せず、常に自分を律して生きることができたから、順調な人生を歩んでいるのです。

成功は、自分の知恵と努力でつかみとる必要があります。

成功ばかりで挫折がなさそうに見える人も、裏ではものすごい努力をしているものです。ですから、幸之助が言うように、どんなときでも「安易に流されず凡に堕さず、人一倍の働きを積み重ねていくこと」が大切になります。

苦難の渦中にあるときだろうが順調なときだろうが、それができる人がより豊かな人生を手に入れられるのです。

17　人は失望によって死に、希望によって生きる。

ヴィクトール・フランクル

私が講演会などの場で、家族の話をすると、

「そんな不幸な状況の中で、よく佐々木さんは心が折れませんでしたね。精神的に参ることはなかったのですか」

と聞かれることがあります。そんなとき私は、

「人間の幸せや不幸とは、体重計や血圧計で測れるものではないのです。端から見れば何一つ不満などなさそうな生活を送っている人でも、本人の心の中は不幸のどん底にあることもあります。反対に、経済的に苦しい生活を強いられていても、毎日を楽しく過ごしている人もたくさんいます。

私の場合、たしかにあの頃は大変でしたが、でもその中で幸せに感じる出来事もありました。どんなに客観的に不幸な状況に置かれても、一つでもたしかな幸せを見つけることができれば、人は前向きに生きていくことができるので

す」

と答えています。

たとえば、私の母がそうでした。

私が６歳のときに31歳の若さで父が亡くなったため、母は女手ひとつで４人の子どもを育てなくてはいけませんでした。家の資産は、父が病気をしている間の薬代や入院費などで底をついてしまったため、母は毎日朝早くから夜遅くまで働きに行かなくてはなりませんでした。母の人生は、働きづめの一生だったと思います。

それでは母は不幸だったかというと、苦労はしたでしょうが、けっして不幸ではなかった。なぜなら「４人の息子を立派に育てたい」という夢や希望をもちながら、懸命に働いていたし、自慢の息子４人といつも一緒だったからです。

そして母は望み通り、４人の息子を大学に進学させ、無事社会に送り出すことができました。

人の人生で、大切なことは夢や希望をもつことです。

あの頃の母のように、どんな苦しい状況にあったとしても、人は夢や希望さえもっていれば、困難を乗り越えられるのです。


精神科医のヴィクトール・フランクルも同じような言葉を残しています。

フランクルの場合は、私たちが安易に「不幸」という言葉を口にすることがはばかられるような、壮絶な苦しみを体験しました。ユダヤ人だった彼は第二次世界大戦中、ナチスによって強制収容所に送り込まれました。そこは劣悪な衛生環境や過酷な労働によって、収容者が次々と倒れ、命を落としていくような場でした。

けれど、そんな中でもフランクルは、けっして希望を捨てようとしませんでした。

彼にはいつの日か、収容所で起こったことを本に著し、多くの人に伝えたいという強い思いがありました。事実、彼は解放後わずか9日間で、強制収容所での体験を綴り、『夜と霧』を書き上げました。

結婚後わずか9カ月で、別々の強制収容所に入れられてしまった妻に再び会いたいという思いも、彼の生きようとする力を後押ししました。


とはいえ、希望は必ずしも叶うとは限りません。

強制収容所は、命の重さがおそろしく軽い場所です。収容者がガス室に送られて死を迎えるか、それとも別な収容所に移されて命を長らえるかは、ちょっとした偶然で決まりました。だから希望を捨てなかったとしても、生き残れるかどうかは運に左右されました。

「妻に再び会いたい」というフランクルの希望も、叶うことはありませんでした。


しかし、それでも希望を捨ててはいけません。

なぜなら人は希望を捨てた時点で、生きる気力をなくします。

そして生きる気力を失うことは、収容所において死を意味したからです。

事実、あるとき収容所の中で「クリスマスまでに、自分たちは解放される」という噂が広がりました。ところが現実にはクリスマスを迎えても助けはやってこず、解放はありませんでした。すると多くの人が希望を失い、急に力尽きて死んでいったとフランクルは綴っています。

フランクルの体験から私たちが学べることは、「希望をもつことは、生きていく原動力になる」ということです。希望をもっていれば、たとえ確率は低くても、その希望が叶う可能性があります。けれども希望を失えば、人はもうその時点で前に進むことはできなくなります。

置かれている状況は同じでも、そこに希望を見出せるか、絶望に陥るか。その差が運命の分かれ道となるのです。

フランクルの『夜と霧』を読んで、私は驚いたことがあります。人は希望さえ失わなければ、どんな環境でも生きていけるということです。

収容所に送り込まれ、自分の体以外はすべて取り上げられて、ぎゅうぎゅう詰めのベッドで寝かされても、すぐに眠れるようになります。1日300グラムのパンと水のようなスープでも生きていけます。半年に1枚のシャツしか支給されなくても何とかなります。

つまり、人は希望さえもっていれば、案外しぶとい生き物なのです。

ですから希望をもって生きてください。

もちろん困難のさなかにある人は、その苦しさで頭がいっぱいだったり、毎日がとても苦しくて、「希望をもつ余裕なんてない」ということもあるでしょう。

しかし、あきらめてはいけません。常に前を向いてほしいのです。

あきらめずに待っていれば、必ず希望の光が見えてくるはずです。

もし、その希望の光をつかむことができたら、私たちはきっと強く生きていくことができます。

18

もの寂しげに過去をみるな。

それは二度と戻ってこないのだから。

抜け目なく現在を収めよ、それは汝だ。

影のような未来に向かって進め。

恐れず雄々しい勇気をもって。

ヘンリー・ワーズワース・ロングフェロー

私たちは、過去ではなく現在を生きています。

そして多くの人は常に未来に向かって一歩を踏み出そうとしています。

19世紀のアメリカの詩人であるロングフェローも、

「過去をいくら懐かしんだところで、もう二度と戻ってこない。過去におまえはもういないんだ。それならばいくら厳しい現実に直面していたとしても、精いっぱい現在と向き合うことに力を注ぎなさい。なぜならおまえが生きているのは、現在そのものなのだから。おまえは過去に生きているわけではないのだから」

という言葉を残しています。

過去の記憶は、その多くが甘く美しい思い出とともに蘇ってくるものです。ある研究によれば、人は過去の記憶について、良い思い出、悪い思い出、どちらでもない思い出を、だいたい6対3対1ぐらいの比率で覚えているといいます。おそらく人が精神的なバランスを保つうえで、この比率がいちばんいいということでしょう。

たしかに、私たちは過去を振り返るときに、「昔はよかった」と口にしがちです。

ですが、これは偏ったものの見方の可能性が高いわけです。

本当はその時々で、楽しいことも、苦しいこともたくさんあったはずなのに、それを忘れてしまっているのです。

だから、今は「なんて苦しい毎日なんだろう」と思うことが多くても、10年後や20年後に現在を振り返れば、「あの頃はつらいことのほうが多かったけれど、楽しいこともあったな」と思えるようになっているのではないでしょうか。ロングフェローが言うように、もの寂しげに過去を振り返っていても意味はありません。過去を理想化して見ているだけだからです。

そうであるならば、過去にとどまるより、厳しくとも現実の「現在」に目を向けたほうが、ずっと建設的な生き方ができるでしょう。

過去は振り返るだけで、さまざまな情景が鮮明に浮かび上がってきます。ですが、その一方で、未来は数歩先さえ見通すのが難しいものです。先の見えない暗闇の中を恐る恐る歩くのと似ています。とくに若いときはそうでしょう。

だからこそロングフェローは「恐れず雄々しい勇気をもって、影のような未来に向かって進め」と背中を押してくれるのです。どんなに先が見えなくても、人生は後戻りがきかない一本道です。人は未来に向かって歩くしかありません。

そのときに一歩を踏み出すための勇気となるのが、経験や自信、知識や知恵です。

未知のものに遭遇しても、「自分は多くの困難を乗り越えてきた。だから、きっと今度も乗り越えることができる」と思えれば、自信をもって困難に向き合うことができます。これまでの知識や知恵を総動員すれば、どんな困難にだって打ち勝つことができます。

そして、こうした経験や自信、知識や知恵は、「現在」を精いっぱい生きる中から次第に蓄積されていくものです。

以前、NHKの連続テレビ小説で『花子とアン』が放映されていました。

主人公の安東はなは、修和女学校というカナダの宣教師が設立したミッション系の女学校を卒業します。

その卒業式の場面で、校長が述べた式辞がとても印象深いものでした。

卒業生代表の「ここで過ごした女学校時代ほど楽しい時代は二度と来ないと

思います。私たちの生涯でいちばん幸せな時代はこの学校で過ごした日々です。本当にありがとうございました」という挨拶を受けて、ブラックバーン校長は次のように言います。

「私の愛する生徒たち。我と共に老いよ。最上のものはなお後に来る。今から何十年後かにあなた方がこの学校生活を思い出して、『あの時代がいちばん幸せだった。楽しかった』と心の底から感じるなら、私はこの学校の教育が失敗だったと言わなければならない。人生は進歩です。若い時代は準備のときであり、最上のものは過去にあるのではなく将来にあります。旅路の最後まで希望と理想を持ち続けて生きていくことを願っています」

ここで、「最上のものは過去ではなく将来にある」といいますが、一体なぜでしょうか？

それは、人生が進歩の積み重ねだから。過去より将来のほうがより良いものになっていなくてはいけないからです。つまり、若い時代、いわば現在は、将来を最上のものにするための「準備のとき」であると校長は言っているのです。

現在は、未来をより良いものにするためにあります。そして未来をより良いものにするためには、ロングフェローが言うように、私たちは「抜け目なく現在を収める」必要があります。

「今を懸命に生きる」ことが「より良い未来を生きる」ことにつながるのです。

そのためには、もの寂しげに過去を見ていてはいけません。

なぜなら、いくら過去を振り返ったとしても、その先に私たちの未来はないのですから。

第4章 何者にも惑わされない本物の志をもて

19　自分が一日さぼれば日本は一日遅れる。

秋山真之

国の中枢を担う人物でもない限り、自分が一日仕事をさぼっても、日本の発展に影響を及ぼすことはほとんどないはずです。

でも、もし、こういう気概をもって日々を送ることができたら、毎日がすごく張り合いのあるものになると思いませんか。

「自分が一日さぼれば日本は一日遅れる」とまではいかなくても、「自分が一日さぼればこの会社が一日遅れる」「このチームが一日遅れる」ぐらいの気概はもちたいものです。

この言葉を残した秋山真之《あきやまさねゆき》は、日露戦争のときに連合艦隊の作戦担当参謀として、日本海海戦を勝利に導いた人物として有名です。司馬遼太郎の『坂の上の雲』を読んだ人にはおなじみの人物でしょう。

秋山は1898年、海軍大尉だったときに海軍の派遣留学生としてアメリカのワシントンに留学します。30歳のときでした。留学中はアメリカ海軍省の資料室に毎日通い、戦史や戦略、戦術に関する資料を片っ端から読み漁ります。そして夜は日本公使館の3階の私室で、寝るまで公刊書を読むことに充てました。このときに蓄えた知識が、後に作戦担当参謀として作戦を立てるうえで大いに役立ちます。司馬遼太郎は「日露戦争の海軍戦術はこのワシントンの日本公使館の3階からうまれたといっていいであろう」（『坂の上の雲』より）とまで述べています。

まさにこのとき秋山は「自分が一日さぼれば日本は一日遅れる」という思いで、猛烈に勉強に取り組んでいたに違いありません。

当時の日本は日清戦争には勝利したものの、南下政策を押し進めるロシアの恐怖をひしひしと感じとっていました。このときすでにロシアは仮想敵国でした。

秋山は日本の海軍について、軍艦運用（軍艦を艦隊として的確に動かしていく技術）などの細かい技術は優れているが、戦略や戦術面で劣ると分析していました。ですから、自分が戦略や戦術を学ぶことは、日本の興亡にかかわることであり、「一日さぼれば日本は一日遅れる」どころか「ロシアとの戦いに敗れることにつながる」という危機感をもって、必死に知識を吸収していたのです。

おそらく明治期の日本は、秋山に限らず、工学や医学、教育界、実業界などのさまざまな分野で多くの人が、「自分が一日さぼれば日本は一日遅れる」という熱い思いを胸に秘めていたといえます。

その背景には、「西欧列強と肩を並べるためにも、早く近代化を成し遂げなくてはいけない」という危機感がありました。また、日本は若い国でしたから、「自分ががんばれば、すぐにその分野で第一人者になれる」という展望もありました。

いわば個人の行為が、国家の命運にダイレクトに直結していた時代でした。

これは若い人にとっては極めて大きな生き甲斐です。だから、みんなが一生懸命学びますし、学ぶことで力がつき、国や社会、人々の役に立つことができます。

そして「自分はたしかに国や社会の役に立っている」という充実感と自負心が、さらに自分を高めることにつながります。そういう意味で、明治時代というのは若者にとって幸せな時代だったといえるでしょう。

しかし、現在は違います。

上の世代は詰まっていますし、若手や中堅層の人が気概をもつのは難しくなっています。けれども、今の時代を生きる私たちでも「自分が一日さぼればこのチームが一日遅れる」とか「この部署が一日遅れる」ぐらいの気概はもてるはずです。

たとえば、福祉関係の施設に勤めている人が、「今の施設のあり方は間違っている。利用者のためになっていないんじゃないか」と疑問を抱いたとします。

それならば「自分が一日さぼれば、この施設の変革が一日遅れる」という志をもって、課題解決に取り組めばいい。

そうやって自分が勤めている施設を変えることができれば、その影響を受けてほかの施設も変わっていくかもしれません。そして最終的には日本の施設全体の変革につながっていく可能性があります。これは大きなやりがいです。


私は一人ひとりが、「自分が一日さぼれば日本は一日遅れる」の「日本は」の部分に自分なりのキーワードを当てはめて、「自分が一日さぼれば○○が一日遅れる」という言葉に置き換えたらいいと思っています。

その言葉が、自分の仕事に対する目標ややりがいを明確にしてくれます。くじけそうになったときや、あきらめかけたときに、自分を叱咤する言葉にもなります。

「自分が一日さぼれば○○が一日遅れる」という高い意識が、人を成長させるエンジンになるのです。

世の中には、学生時代の成績は振るわなかったけれども、社会に出てから仕事で優れた業績を残す人がいます。こうした人は「自分がやらずに、誰がやる」「自分がこのチームや会社を支えているんだ」という気概をもっていることが多いのです。

秋山真之は海軍兵学校を首席で卒業した秀才でした。

しかし、彼の成長を支えていたのも、頭の良さではなく、「自分が日本海軍を支えている」という気概でした。

とはいえ、「自信をもっていえる○○がまだ何もない」という人もいるでしょう。そういう人は、今自分が携わっている仕事に懸命に取り組み、「これだけは誰にも負けない」というものをつかんでください。

すると、あなたが情熱を注ごうとする「何か」がきっと見つかるときがきます。もし見つけられたら、その瞬間からあなたの成長スピードは飛躍的に高まるはずです。

20　行動はいつも幸せをもたらさないが、行動なくしては幸せはない。

ベンジャミン・ディズレーリ

「私は医者にはなりたくありません。エンジニアになりたいのです。だから医学部ではなく、工学部に進ませてください」

進路をめぐって、医者の父親に自分の本当の気持ちを伝えたとしても頑固な父親に否定される可能性があります。

「人に自分の気持ちを伝える」という行動は、いつも見返りをもたらすものとは限りません。しかし、はっきり話をしなければ、自分の気持ちを相手に伝えることはできず、自分の行く道も変えられません。だから行動なくして幸せはないわけです。

事業を起こすときも同じです。

「いずれ起業したい」と思いながらも、いっこうに行動に移せない人がいます。たしかに起業したら失敗するかもしれない。しかし、実際に行動を起こさなければ、自分の思いを実現することはけっしてできません。

もちろん行動の前には、準備が必要です。失敗するリスクをあらかじめ最小限に抑えておかなければなりません。しかし、どんな行動も成功が保証されているわけではなく、最後は運を天に任せなくてはいけない部分があります。

また「ローリスク・ローリターン、ハイリスク・ハイリターン」という言葉があるように、一般に高いリターンを得ようとすれば、そのぶんだけ高いリスクを覚悟する必要があります。

「成功したい。しかし失敗するのはイヤ」というのはないものねだりです。

成功したいのなら、積極的に行動すべきです。

儒教の一派である陽明学に、「知行合一《ちこうごういつ》」という考え方があります。

これは「知っていて行わないのは、そのことを知らないのと同じである」という実践を重視する思想です。「思っているのにそれを行わないのは、思っていないのと同じ」ということでもあります。

私が、東レのプラスチック事業部門で部長を務めていたときのことです。プラスチック事業部門は、私が異動した当初は毎年減益が続いていました。

しかし、この部署で1年働いてみて、私は「プラスチック事業は国内での成長は難しいが、海外での成長は期待できる」と考えるようになりました。

そこで私は、プラスチック事業部門のトップの同意を得たうえで、海外での拡大戦略に打って出ることにしました。

そしてわずか2年半に、インドネシア、マレーシア、タイ、アメリカ、フランス、中国などの国々に合計12工場を立ち上げたのです。設備投資額は約1000億円に達しました。立地場所の選定から始まって、土地の取得交渉、従業員の確保など、やらなくてはいけないことが山ほどあり、目まぐるしい日々でしたが、やるなら一気にと毎月のように海外出張し、次々に設備投資を実行していきました。

東レのプラスチック製造に関する技術力と生産管理力は最高水準でした。あとは営業が本気になってくれることです。営業を本気にさせるには、工場をつくってしまうのがいちばんです。工場が製品を生産したら、営業は否が応でも売らなくてはいけないからです。

事実、すべての工場が稼働してフル生産が始まると、営業は必死に売ってくれました。そのおかげで、プラスチック事業部門の売上高は倍増しました。

もちろん、私にも「つくったはいいが、失敗したら……」というプレッシャーはありました。けれども、失敗に対する不安より、「事業を拡大し、東レの存在感を高めたい」という目標のほうが上回っていたのです。当然、製品ごとの市場の需要や、どこに生産拠点を設けるのが適切かといった分析もしていましたから、それなりに勝算もあってのことでした。

しかし、あれから20年近く経ちますが、その間に海外での新しい生産拠点は数えるほどしか実行しなかったようです。あまり多くのリスクをとりたくないということなのかもしれません。

私は、親に自分の進路をはっきり言えない人や、起業したいのにその一歩を踏み出せずあきらめてしまう人、どちらも同じ心理だと思います。

つまり、「現状にけっして満足しているわけではないが、不幸というほどでもない。それなら今のままでいい」と考えてしまっているということです。

しかし、私は、「そんな無難な人生で本当に満足できるのだろうか」と思います。

「本当にそんな人生で一生を終えてしまっていいのか」と疑問を投げかけたくなるのです。

年を重ねて自分の人生を振り返ったときに、

「いろいろな失敗をしたけれど、自分がやりたいと思ったことは相当できたし、人生に悔いはない」

と思えるほうが自分の人生に納得できて良いのではないでしょうか。

「つまらない生き方をするには、人生は短すぎる」

ベンジャミン・ディズレーリの言葉です。

失敗を恐れて無難な生き方を続けているうちに、人生はあっという間に終わってしまいます。人は幸せになるために生まれてきたのです。幸せになるためには自分が充実し、人に感謝されたり、認められたりすることが大切です。
ぜひ自分の人生を実りあるものとしてください。

21　君子は和して同ぜず、小人は同じて和せず。

『論語』

日本は、同調圧力が強い社会といわれています。

同調圧力とは、「周りの意見や行動に対して、自分の意見や行動を合わせなくてはいけないという圧力が働くこと」をいいます。

私は会社の中では「ちょっと変わった人間」でした。

そのため日本社会が、変わり者にとって生きにくいというのはよくわかります。

少しでも人と違うことを言ったりやったりすると、「そんなのは非常識だ」「みんながやっているのに、なぜおまえだけしないのだ」という声に押し潰されそうになるからです。

こうした社会では、自ら同調的になってしまうのも仕方ありません。

自分がグループの中で浮いてしまうのを恐れて、本心を隠し、周りの意見や行動に自らを合わせてしまいがちです。つまり、日本社会は「同じて和せず」の小人が大量に生産されやすい社会であるといえます。

しかし、「同じて和せず」の生き方を続けても人に尊重される人物にはなれません。

周りの人たちと表面的に仲良くしていても、心から理解し合っている関係ではありませんから、お互いを認め合う関係になりません。

自分の意見を押し殺して、周囲に合わせるのはストレスにもなります。

また、周りに歩調を合わせてばかりいると、自分の考えを組み立てていく力が育ちません。人の意見に従うばかりで、自分の思想がない人間になってしまうのです。

もし、あなたが「同じて和せず」の状態に陥っているのなら、早くそこから脱しましょう。そして「和して同ぜず」を目指すべきです。

「和して同ぜず」を実践できる人は、自分の意見や価値観が明確な人で、しっかりと自分の意見を主張します。それでいて自分とは異なる相手の価値観をきちんと受け止め、素直に認めることもできるので、ほかの人と向き合えます。

そのうえでお互いの考え方で譲れることと譲れないことを調整し、結論に結び付けます。

私はとくにリーダーほど、「和して同ぜず」の精神を身につけてほしいと願っています。なぜならリーダーは異なる考え方を調整し、チームとして最良の結論に到達しなくてはならないからです。

メンバーがお互いに率直な意見を言い合うことで、チームとしての思考力が鍛えられ、組織力も高まります。

さらに、そうした経験を通じて、メンバーそれぞれに、自分とは違う他者の意見や価値観を尊重する気持ちが育まれていきます。

こうしてチーム全体が「和して同ぜず」のチームカラーになっていくのです。

一つの組織の中で行動するときに大事なことは、その組織を構成するメンバ

―一人ひとりを大事にすることです。

人は性格も価値観も違います。だからこそ、それを尊重し、多様性を活かすことでお互いに切磋琢磨して組織として結果を出すようにしなければなりません。

聖徳太子の憲法十七条は「和をもって尊しとなす」といいます。ビジネスマンにとって大事なことは、どう和するかということです。

とはいえ、和を重んじる組織が必ずしもいいとは限りません。

あるメガバンクが反社会的勢力に融資し、トップがそれを知っていながら、2年間も手を打たなかったと世間の批判を浴びたことがあります。

この銀行は大きな都市銀行が合併してできたメガバンクですが、お互いに遠慮があり、出身銀行の業務には口を出さない雰囲気があったようです。現に、その事件の発端になった取引先のメインバンクにほかの部署は干渉しませんでした。

たしかに「和」を重んじたやり方のほうが、組織運営がうまくいくこともあるでしょう。しかし、過度の和、過度の気配りがかえって会社を間違った方向に導くこともあるのです。

もちろん、少しのことで波風を立てなくてもよいでしょう。ですが、会社にはコンプライアンスがあります。これだけはしてはならないという決め事があり、それは「和をもって尊しとなす」としてはいけません。反社会的勢力との取引は絶対にしてはならないのは論をまたないものです。「和」を重んじつつ、肝心肝要のことは「同ぜぬ」。そんなスタンスが求められるのです。

また、「和して同ぜず」には覚悟が必要です。一人ひとりの意見や価値観を重視すると、いろいろな場面で意見の衝突が起きてしまうからです。リーダーの号令一つで同じ方向に進む〝同調圧力型のチーム〟と比べれば、どうしても効率性は落ちる場面が出てきます。

しかし、同調圧力が強いチームは、多角的な視点から物事を判断することが苦手です。リーダーが間違った判断をして、みんなで間違ってしまうという致命的な弱点があるのです。

「和して同ぜず」のチームは難しいものです。ですが、私はそれでも、リーダーは「和して同ぜず」のチームづくりを目指してほしいと思います。

多様性を認めることでそれぞれの人が、人権が尊重され、個性と能力を発揮することによって活力ある社会ができていくのです。

22 偶然は、準備のできていない人を助けない。

ルイ・パスツール

新発見や新発明は、偶然によってもたらされたケースが少なくありません。たとえばX線の発見。19世紀後半、あるドイツの物理学者が放電の実験をしているときに、近くに置いてあった写真乾板が感光しているのを見つけました。「これは放電したときに、人間の目には見えない何かが放射されて感光したのではないか」。これがX線の発見のきっかけとなったわけです。このドイツ人科学者の名前は、ヴィルヘルム・レントゲン。

あのレントゲン写真のレントゲンです。

また、世界の医療に大きな発展をもたらしたペニシリンも、偶然のいたずらによって生み出されました。生物学者のアレクサンダー・フレミングがブドウ球菌の培養をしていたときのことです。フレミングは間違って、アオカビの胞子を実験中のシャーレに落としてしまいました。すると、なぜかそのシャーレだけ、ブドウ球菌の生育が止まってしまったのです。

それを見たフレミングは「アオカビには抗菌物質が含まれているのではないか」と気づき、これを培養してペニシリンをつくり出すことに成功したのです。

こうした発見や発明のすべてが、完全に偶然の産物かというと、そんなことはないと思います。ですが、ルイ・パスツールの言葉にあるように、「偶然は、準備ができていない人を助けない」のです。

レントゲンやフレミングが「偶然」に遭遇できたのは、毎日実験を繰り返していたからです。ある一つの物事に取り組んだ人ほど、「偶然」と出会うチャンスは増えるといえます。

これは科学の世界だけではなく、人との出会いでも同じです。

会社と自宅の往復しかしていない人よりは、社外交流会などに積極的に参加している人のほうが、出会いのチャンスは多いものです。

もう一つ大切なのは、その「偶然」に気づけるかどうかです。

レントゲンは写真乾板が感光しているのを見て、フレミングはブドウ球菌の生育が止まっているのを見て、新たな発見や発明の気づきを得ました。

これは、彼らが普段から明確な問題意識や仮説をもって研究に取り組んでいたからです。だから仮説と違うことが起きると、すぐにそのことに気づき、「どうしてこういうことが起きたのだろう」と考えられるわけです。

ところが、多くの人は漠然と毎日を過ごしています。「偶然」と出会っても、その出会いに気づかずに通り過ぎてしまうのです。

たとえば会社で部下に対して、愛情と関心をもちながら日々接している上司がいるとします。その上司が仕事帰りに「一杯だけ寄っていかないか」と声をかけたとき、いつもはすぐに飲みに行く部下が「今日はちょっと……」と付き合わず、その理由も言わなかったりすると、その上司は、

「あれ？　いつもと何か違う。悩んでいることでもあるのかな」

と変化を敏感にキャッチします。いわば「偶然」を見過ごしません。

ところが、問題意識や関心が薄い人は、彼らのサインに気づきません。

つまり、普段から問題意識を高くもつことが、「偶然」に気づけるかどうかの分かれ目になるのです。

私たちは「偶然との出会いに気づけるよう問題意識をもって生きること」と「偶然に出会えるチャンスを増やすこと」を心がけなくてはなりません。

問題意識をもつため、私が大切にしていたのがお正月に「年頭所感」を書くことです。会社や自分のことについて「今年はこういう考え方で具体的にはこんなことを成し遂げたい」と年間の目標とその計画を書いていました。

すると人と話をしているときでも、自分がテーマとしていることや関心をもっていることが話題になったときに、聞き逃すことが少なくなります。

自分がやりたいことに対して、偶然のチャンスが巡ってきたときには、そのチャンスを逃がさなくなります。これは自分の目標を明確に定めているからこそ可能になることです。

もし、自分の目標が曖昧であれば、今、目の前で起きていることが、自分にとってチャンスかどうかさえわかりません。

一方、「偶然」との出会いを無駄にしないために決めていたこともあります。「社内外交流会の場などでは、必ずキーパーソンと接触する」ということです。たとえば、社内の研修があって社外から著名な講師を呼んだときに、研修後に懇親会が開かれることがあります。こんなとき私は早めに講師の前の席を取るようにしていました。

懇親会の間、ずっとその講師と直接話をすることができるからです。研修の内容についての質問もできますし、それ以外の貴重なお話を伺えるまたとない機会となります。

ところが、何も考えずに出席し、なんとなく席を選んでしまったら、たまたま隣り合わせた人と当たり障りのない話をして終わることになりかねません。

もちろん、偶然隣り合わせた人との出会いが「重要な出会い」になることもなくはないのですが、その可能性はずいぶんと低くなります。

だからこそ、「準備をする」というのは大切なのです。

パスツールも、ワクチンの予防接種を開発したことで知られる科学者です。それゆえ、準備の大切さを誰よりもよくわかっていたはずです。きっと彼自身も、準備を怠らなかったことで、何度も偶然に助けられたことがあったのでしょう。

23 考えは言葉となり、言葉は行動となり、行動は習慣となり、習慣は人格となり、人格は運命となる。

マーガレット・サッチャー

言葉はその人の生き方、あり方を示します。

物事を深く考えない人は、その言葉に重さも深みもありません。浅い言葉や軽い言葉では、人を説得したり、納得させたり、励ましたりといったことは困難です。

つまり、「考えは言葉となる」とは、自分の頭で深く考えないと、適切な言葉を発することができないという意味です。

これは、イギリスの首相であった彼女のようなリーダーや政治家には、とくに重要です。政治家にとって、自分の考えを万人に伝えるには言葉を用いるしかありません。自分の考えに人々が賛同してくれるかどうかは、その人が発する言葉一つにかかっています。反対に、失言がきっかけで影響力を失ってしまった政治家の例は、枚挙にいとまがありません。言葉はそれだけ大きな力をもっています。

言葉に力があった政治家を挙げるとすれば、リンカーンでしょう。

南北戦争を終結させた事実は誰もが知るところですが、とりわけ顕著だったのが演説のレベルの高さです。自ら先頭に立ち、仲間たちに「向かうべき方向性」を示せたのは、ひとえに彼の思想や哲学が深かったから。だからこそ彼のスピーチは、今でも名演説として語り継がれるのです。

まさに、言葉は命です。

そして、言葉が命であるのは、経営者も同じです。

ヤマト運輸の社長を務めた小倉昌男は、

「サービスが先、利益は後」

という言葉を残しました。ヤマト運輸は他社に先駆けて宅配便事業（クロネコヤマトの宅急便）を手がけ、飛躍的な成長を遂げました。

しかし、事業を始めたばかりの頃、社内では対立が起きていました。採算は度外視でサービスの向上を優先するべきか、サービスの質を落としてでも利益確保を優先するべきか。なかなか結論がまとまらなかったのです。

教科書的にいえば、サービスの向上も利益の向上もいずれも大切。どちらの言い分にも理があります。そんな中で小倉は「サービスが先、利益は後」という指針を示します。つまり、「赤字になってもいい。まずは宅急便のサービスを世の中に広めよう」というメッセージを発信したのです。

この言葉で、社員は迷うことなく思い切った行動をとることができました。その後、宅配便事業の展開は格段に速まり、ヤマト運輸は成功の階段を駆け上っていきました。

もちろん、個人レベルでも「言葉」は大切です。

自分の考え方や信条などを日頃からよく考え、言葉にしてノートに記しておくことは大事なことです。

自分の考えや価値観をきちんと言葉にしておけば、何か問題に直面したときにも迷うことなく行動できます。自分自身の言葉をもっている人は、行動にブレがなくなります。「言葉は行動となる」のです。

自分の考えに基づいた「行動」を続ければ、それはいつしか「習慣」へと変わります。習慣とは一つひとつの行動の積み重ねです。

たとえば、「1週間に1冊の本を読む」という行動を毎日続けると、それは日課となり、気づけばなくてはならない習慣へと変わります。

さらに「習慣」は「人格」へと進化します。

これは私の言葉で言えば、「よい習慣は才能を超える」ということです。

毎晩寝る前に、その日一日の自分の行動を反省している人がいたとします。そして反省したことを、翌日以降の行動に活かすようにします。

こうしたことを習慣化できる人は、仮に社会に出た時点で人よりちょっと遅れ気味だったとしても、いずれ必ず周りの人を追い抜くことができます。良い行動を習慣化できている人に限界はありません。

一方、いくら頭がいい人でも、その才能にあぐらをかいていると必ず限界がきます。

習慣がきちんと自分の体に染みつき、はじめて、その習慣は人格となり、「運命」となるのです。運命といわれて私たちは、「自分の意志を超越した『何か』、あるいは、私たちに幸不幸をもたらすもの」というイメージをもちます。

しかし、サッチャーが言う「運命」とはそうではありません。長きにわたって人格を磨き続けた人は、周りから尊敬や信頼を集めるようになります。人格を磨き続けてきた人とそうでない人、人は一体どちらを応援したくなるかといえば、確実に前者です。幸運の女神も人格を磨き続けてきた人に微笑みたくなるはずです。

だからこそ運命さえも、努力によってある程度たぐり寄せられるという意味です。

もちろん、物事の成否は人知を超えたところにあります。

常に幸運が舞い降りてくるとは限りません。

ですが、運命のなすがままに、人生を過ごすことはないのです。

まずは「考えは言葉となる」、そこから始めることです。

考えを言葉にし、言葉を行動にし、行動を習慣にし、習慣を人格にしていくことができれば、運命を自分の力で切り開くことができるのです。

第5章 それでも、人を愛しなさい

24　人は不合理で、わからず屋で、わがままな存在だ。
それでもなお、人を愛しなさい。

ケント・M・キース

ケント・M・キースはアメリカの行政官僚で、ハーバード大学在学中にリーダーのために「逆説の十カ条」という小冊子を書きました。

その中にある「それでもなお」という十カ条が、後にマザー・テレサの目に触れられ、感動したマザーは「カルカッタの孤児の家」の壁にその言葉を書き留めました。

これはその第一条にある章句です。

世間には、利己愛や自己保身に走る人がいます。

自分の欲のため他人を裏切る人も少なくありません。

善意でやったことが、悪意で返されることもしばしばあります。

そんな経験をすると、人は心が折れてしまいます。

「人生まじめに前向きに生きていくなんてバカらしい。なるべく自分の利益を追求して生きていこう」

そんな気持ちが湧き起こってくるのは、ある意味、自然なことでしょう。

しかし、なぜ、ケント・M・キースが「それでもなお」と説くのか。

それは、「それでもなお」という思いで行動を続けると、そうした想いが周りに伝わっていきます。その自分の行為が社会を良い方向へと変えるからです。

マハトマ・ガンジーがそうでした。

ガンジーの生き方は「それでもなお」の連続です。

迫害され、裏切られ、傷つけられ、責められることがあっても、ガンジーはけっして「それでもなお」という気持ちを捨てませんでした。

その結果得られたのが、インドの独立であり、すべての人からの信頼と尊敬でした。ガンジーは「それでもなお」という生き方で、何ものにも代えがたい成果を得られたのです。ですから、人はどんな絶望にあっても、下を向いてはいけないのです。

どんな苦境に立たされたとしても、けっしてあきらめず、「それでもなお」と前を向かなければいけません。


キースの「逆説の十カ条」の中で、私がいちばん実践するのが難しいと思うのは、ここに挙げた第一条。「人は不合理で、わからず屋で、わがままな存在だ。それでもなお、人を愛しなさい」という言葉です。

私は、こちらが相手を好きになれば、相手も自分を好きになり、信頼してくれるようになる。だから、なるべく多くの人を好きになったほうがいいと考えています。

中学校時代にその考えを感じた出来事がありました。

私が通っていた中学校は国立大学の附属中学校で、比較的真面目な生徒が多かったのですが、クラスの中に一人だけ問題児がいたのです。彼はいつも遅刻をしたり、授業態度が悪かったりで、クラスでは不良と見なされていました。

あるとき私は、彼の遅刻や欠席があまりに多いことを見かねた先生から、「朝、学校に行く途中、彼の家に寄って一緒に登校してくれないか」と頼まれました。

そしてそれ以来、登校のとき彼の家に寄るのが朝の日課になりました。

最初のうち彼は、無理矢理学校に連れ出そうとする私に文句ばかり言い抵抗していました。おかげで私たちは何度も遅刻をしたものでした。

しかし、毎朝しつこく誘う私に少しずつ心を開いてくれたのでしょう。徐々に私を信頼してくれるようになり、やがてスムーズに登校できるようになりました。

卒業のとき、彼は「学校の勉強は嫌いだから、料理の世界で生きていく」と、高校には行かず、就職の道を選びました。そして修業を積み、後に立派なシェフになったのです。彼とは別々の道に進んでからも仲が良く、私が故郷に帰ったときにはしばしば会っていたものです。

私は比較的、誰とでも仲良くなるのが得意なほうでした。とはいえ、会う人すべてを好きにはなれません。

10人のうち8人か9人は好きになれますが、一人ぐらいはどうしても好きになれない人がいます。人を好きになるために、その人の欠点よりも長所や美点を見るようにしているのですが、なかなか見つからない人がいるのです。

しかし、人類の歴史には、最後の一人まで愛することができた人がいます。ガンジーがそうでしたし、マザー・テレサやイエス・キリストがそうでした。では、なぜ、彼らがすべての人を愛することができたのでしょうか。

おそらくそれは、彼らが、不合理で、わからず屋で、わがままな人間という存在を、まるごと受け止め肯定することができたからです。

たとえば、今でも貧しい国では、親から捨てられたり、死別したりして、路上で生活している子どもがいます。彼らの中には、人からものを盗むことでなんとか生計を立てている子もいます。親から愛された経験がないために、人を信じたり愛することができない子どもだっています。人からものを盗んだり、脅したり、だましたりするのは、たしかに罪ですし、社会的には悪でしょう。

しかし、そういう生き方しか選択肢がなかったという厳しい現実があります。ガンジーやマザー・テレサは、そうした「人間の弱さ」「不完全さ」も含めて、人を愛そうとしたのです。

どんな人でも愛することができれば、たとえ、その過程で手痛い裏切りに遭っても、いつかはその気持ちが届くはずです。いや、たとえ届かなかったとしても、「届くはずだと信じ、祈ることが大事である」とガンジーやマザー・テレサは考えていたのでしょう。

すべての人を愛するのは難しいことです。

しかし、それでもなお、私たちは人を愛する努力をすべきです。

たとえ相手が誰であっても、相手の立場に立ち、相手を理解し、相手を受け入れようとする努力をぎりぎりまで放棄しないこと。

なぜなら、そういう努力が今はまだ理解し合えない他者を、いつか理解し、信頼する方法だからです。

25 人生の持ち時間に大差はない。問題はいかにして深く生きるか、である。

城山三郎

これは、『無所属の時間で生きる』に収められた「この日、この空、この私」というエッセーの中に出てくる言葉です。

エッセーによれば、城山三郎がこうした思いを抱くようになったのは、医師からガンを宣告されたときだそうです。当時は今と違い、ガンの宣告＝死の宣告とされていた時代です。

城山は病室の窓から、ナイターの光で明るくなった東京都心の夜空を見上げます。

「その夜空を見上げたとき、世の中にこんなに美しい空があるのかと、私は思った。その空の下には、楽しそうな観客の大群が居て、それぞれ屈託なく、貴重な人生を生き続けている。それなのにおれ一人は――と、そのとき私は打ちひしがれていた」と、城山は綴ります。

その後も1週間にわたって検診を続け、最終的には医師の最初の宣告と違う結果となり、城山は命拾いすることになりました。ただし「生きる」ことに対する城山の考え方は、この経験をきっかけに大きく変わります。

「それ以降、何でもない一日もまた、というより、その一日こそかけがえのない人生の一日であり、その一日以外に人生は無い――と、強く思うようになった。明日のことなど考えず、今日一日生きてる私を大切にしよう、と」

そして城山は悟ったのです。

「人生の持ち時間に大差はない。問題はいかにして深く生きるか、である」

人間はいずれ死ぬもの。これは誰もが理解していることです。

そしてその死は、自分で選ぶことができず、いつ訪れるかわからないことも誰もが認識しています。それは明日かもしれないし、10年後かもしれないし、30年後かもしれません。ただ、いずれにしても、人類の悠久の歴史の中では、一人の人間のもち時間に、さほど大差はないものです。

けれども、私たちは、今日の延長線上に明日があり、明後日があると漠然と信じ込んでいます。「人はいつか死ぬものである」と頭で理解はしているけれど、まさか「今日自分が死ぬかもしれない」とは思っていません。

そのためつい毎日を漫然と生きてしまい、余命を宣告されてはじめて、

「なんと人生を無為に過ごしてきたのだろう」

と愕然とするのです。

そうならないためには、「いかにして深く生きるか」を考えながら生きることが大事になります。城山は次のように書いています。

「深く生きた記憶をどれほど持ったかで、その人の人生は豊かなものにもなるし、貧しいものにもなるし、深く生きるためには、ただ受け身なだけではなく、あえて挑むとか、打って出ることも、肝要となろう」

ただし、深く生きるからといって、特別なことをする必要はありません。

今、自分が置かれた場所で、精いっぱいのことをする。ただ、それだけでいいのです。人と話す、本を読む、与えられた仕事に取り組む……。日常生活の一つひとつを蔑ろ《ないがし》にしないことが大事なのです。

たとえば、本を読む。これもただ読み飛ばしているだけの人と、自分の血肉にしようとしっかり読んでいる人とでは、もたらされる豊かさがまったく違ってきます。

私は、読書中にこれはという印象深い言葉に出会うと必ずノートにメモをしていました。その言葉の意味を考えながら、何度もノートを読み返すのです。するとと次第にその言葉が自分のものになっていきます。

その著者の考え方や生き方を深く理解したり、共感したりすることができるようになります。そして理解や共感をしたら、今度はその生き方、考え方を自分でも実践していくのです。

これが1冊の本を深く読んでいく。言い換えれば、1冊の本を通じて、深く生きていくことです。

仕事についても同じです。仕事の内容自体は、平凡なものであってもいいのです。芸術家や科学者のような、オリジナルな仕事である必要はありません。

大切なのは、日々の仕事に全力で向き合うことです。

たとえば、公務員や大手企業などの場合、だいたい3~4年単位で部署が変わっていきます。すると多くの人は「この部署での数年間を大きな失敗なく過ごそう」と意識しがちです。

なぜなら、日本の組織はえてして減点主義だからです。

大きな挑戦をして失敗する人より、挑戦をせず失敗もしない人のほうが評価されることがあるからです。

しかし、それで本当に充実した人生を過ごしたといえるでしょうか。

仮に大きな失敗なく過ごすことで評価が落ちなかったとしても、その数年間はとても中身の薄い毎日になります。そして、次に異動になった部署でも大差なく過ごすことを目指し、また次の部署でも……。

こんなふうに繰り返していったら、その人のビジネスマン人生はとても寂し

いものになってしまいます。いざ自分が死ぬ間際になって、

「なんと自分は貧しい人生を送ってきたのだろう」

と後悔しても手遅れです。過ぎ去った日々を取り戻すことはできません。


だからこそ、今日一日を精一杯生きてほしい。

「今日一日こそ人生の一日であり、その一日以外に人生はない」

そんな気持ちで生き抜いてほしいのです。

一日一日を後悔なく生きることができれば、人生のもち時間に差はなかったとしても、ほかの人よりずっと深い人生を生きることができるのです。

26　愛されることよりは愛することを求める心をお与えください。

マザー・テレサ

マザー・テレサは次のように言いました。

「主よ、あなたの平和を人々にもたらす道具として私をお使いください（中略）。慰められることを求めるよりは慰めることを、理解されるよりは理解することを、愛されることよりは愛することを求める心をお与えください。私たちは自分を忘れ去ることによって自分を見出し、許すことによって許され、死ぬことによって永遠の命をいただくのですから」

私にとってとくに印象深いのは、「私たちは自分を忘れ去ることによって自分を見出す」という言葉です。

今から10年以上前、ＪＲ新大久保駅で乗客の転落事故が起きました。

酔っ払って駅のホームから線路に落ちた男性を助けるために、日本人カメラマンと韓国人留学生の２人が線路に飛び降りました。しかし、男性を助けることはできず、ホームに進入してきた電車にはねられ、3人とも亡くなってしまうという、とても痛ましい出来事でした。

あのときカメラマンと留学生の2人の男性は、「今自分がホームに落ちている人を助けたら、感謝されるだろう」とか「英雄になるだろう」といったことは全く考えなかったはずです。

ただ、ホームから落ちた人を救いたい一心で線路に飛び降りました。

2人は、自分のことを考えて行動したわけではないのです。

でも、だからこそ、2人の人間性がとてもよく現れた行為だったといえます。

「自分を忘れ去ることによって自分を見出す」という「自分」とは、自分の欲を捨てて人のために尽くすときに出てくるものではないかと私は思います。

「愛されることより、愛することを求めている」ときの自分も、自分自身の損得は考えていません。見返りを求めない愛のことを無償の愛といいますが、ただひたすら相手のことを第一義に考えます。そしてそういうときほど、その人の人間性や愛情深さといった「その人らしさ」が見えてきます。

本来、人は「人を助けたい」とか「人の幸せを願う」といったやさしい思いを心の奥底にもっています。

事故で亡くなった2人の男性に限らず、線路に落ちた人を見れば誰だって、「何とか助けたい」と思うでしょう。おぼれている子どもを見つけたときは、必死になって救おうと思うはず。考えるより体が反応するはずです。「人のために」とはいわば、人間の本能なのです。

母親が子どもに注ぐ愛情にも、私利私欲はありません。どんなに生意気で、口が悪く、周りから不評な子だったとしても、母親だけは、ただひたすら健やかに育つことを願っているものです。

ところが、人は心の奥底に美しいものをもっているはずなのに、日常生活では、どうしても自分の欲が前面に出てしまいがちです。「愛されたい」「理解されたい」「慰められたい」という気持ちがどうしても強くなってしまう。

そして自分が十分に愛されていないことや、理解されていないことに不満を抱き、他人を責めてしまうのです。

マザー・テレサ自身も「愛されること」より「愛すること」を優先する難しさをよくわかっていたと思います。何しろ「愛されるよりは愛することを、求める心をお与えください」と祈っているぐらいなのですから。

おそらく彼女も若いときには、「自分のことを愛してほしい。理解してほしい。苦しいときには誰か自分のことを慰めてほしい」という気持ちがあったのでしょう。

けれども、彼女の心にはイエス・キリストがいました。

欲が出たり、自我が出たりしたときには、信仰に立ち戻ることができました。ですから彼女は信仰を通して、「愛されるのではなくて愛する」「理解されるよりは理解する」という高みに達することができたのです。

それでは、私たちはどうするべきでしょうか。

とてもマザー・テレサのようにはなれません。

キリスト教に限らず、何かしらの信仰をもっている方もいると思いますが、彼女の領域にまで達することができるのは、ほんの一握りの人でしょう。

しかし、マザー・テレサのようにはなれなくとも、私たちの心の奥底には、「自分のことよりも他の人を助けてあげてほしい」「自分の損得よりも大切な人の幸せを願いたい」という気持ちが備わっています。

その気持ちを時々引っ張り出して、行動に移してみることです。

それだけでも、自分の生き方がずいぶんより良いものへと変わるはずです。

また、そういう人が少しでも増えて、困っている人がいるときに手を差し伸べたり、話を聞いてあげたりすることができれば、この社会はもっと生きやすくなるはずです。

私自身も、マザー・テレサのような生き方はできません。

しかし、彼女の言葉をいつも心の中に留めています。

愛されることよりは、愛することを優先できる人間でありたいと思います。

新書版　おわりに

私に生き方働き方を教えてくれた「26の言葉」はいかがでしたでしょうか。

最近しみじみ思うことは、歳をとるということはありがたいものだということです。会社生活を離れてこのような歳になってみると、人生のあり方や生きる意味が少し分かるようになってきました。

「人はなんのために生きるのか」ということを真正面から問うてみました。

その答えは「自分の成長のため」と「周りの人に貢献するため」ということでした。

その人が自分のためではなく、チームのためとか、お客さまのため、つまり世のため人のため、何かに貢献する気持ちがあれば、周囲の人たちの信頼や協力を得て仕事や人間関係が上手くいきます。

それに何かに貢献するということは大きな喜びです。そのためにはその人を好きにならないといけません。


仕事とは、生きるとは、人にまみれてするものです。

上司、部下、取引先、お客様、家族、友人……。自分の周囲には、実にさまざまな人がいます。

人格者もいれば、我がままな人もいる。強い人もいれば、弱い人もいる。仕事のできる人もいれば、できない人もいる。好きな人もいれば、嫌いな人もいる。そして、私たちは、一緒に仕事をする相手を、基本的に選ぶことは難しいのです。

そうした人間の渦のなかで、私たちは、人生を歩んでいきます。

自分が思うように事が進むことなどまずありません。最善を尽くしても力が及ばないこともあれば、理不尽な非難の矢面に立たされることもあります。ときに深く傷つき、疲れ果てます。そんなとき、誰しも、嫉妬、嘘、悪口、支配欲など、負の感情に飲み込まれてしまいそうになることがあります。

ガンジーやマザー・テレサといったすべての人を愛した人格者も人の子です。きっと、「負」の感情にとらわれそうになったことがあったはずです。しかし、困難な仕事に立ち向かい、自分を成長させることによって、物欲や支配欲、嫉妬、悪口から離れ、すべての人を愛する境地に立つことができたのでしょう。

そして、私も私なりに、「負」の感情を克服しようと努力しました。もちろん、私など、ガンジーやマザー・テレサのような聖人君子のレベルに到達することはできません。しかし、少なくとも、彼らを目標として近づくことはできます。

自分が成長し人に貢献することこそ、人の生きる意味であり人として最も根源的な志ではないでしょうか。

人は皆等しく、「そういう境地に登っていきたい」「そういう人間になりたい」という欲求をもっています。

そうして日々努力していけば、だんだんと人間として高みに登っていくことができるでしょう。そして、人に慕われ、尊敬される存在になることができるのだと思います。この歓びは何にも勝るものです。

現実社会において、「人は不合理で、わからず屋で、わがままな存在」です。「何か良いことをすれば、隠された利己的な動機があるはずと人に責められる」

「弱者をひいきにはするが、勝者の後にしかついていかない」

これも現実です。

しかし、「それでもなお」と、さらにもう一歩、踏み出していくべきです。

何も難しく考えることはありません。

朝、出社して元気に「おはようございます！」と挨拶をしても、ブスッとして挨拶を返さない人がいるでしょう？　面白くないですね。それでもなお、次の朝になれば、また元気に挨拶をしてみるのです。

あるいは、懸命に取り組んだ仕事が失敗したとします。上司は、その努力をわかろうともせず叱責するかもしれません。傷つきますが、それでもなお、次の仕事に懸命に取り組むのです。

このように、日常の仕事のなかで「それでもなお」を積み重ねることで、私たちは人間として成長していくことができます。

それからもう一つ生きていくうえで、大切なことがあります。それは「自分の運命を引き受ける」ことです。

私の三人の子どものうち長男は、自閉症という障がいを持って生まれました。さらに妻は肝臓病とうつ病を患い、40度もの入退院を繰り返し、3度の自殺未遂をするというありさまで、長い間、我が家は危機的状況でした。

私は小さいころから母から「どんなときでも運命を引き受けなさい」という言葉を聞きながら育ったこともあり、そうした気持ちを持ち続けたことが家族にいろいろなことがあっても、なんとか乗り越えてこられたのではないかなと考えています。

「運命を引き受けなさい」という母の言葉はいろいろ印象に残る名言の中で私に最も大きな影響を与え勇気を与えてくれた言葉でした。

運命を引き受け、人を愛することが自分の幸せにつながるのだとしみじみ感じています。

この「おわりに」を書いている現在は、コロナウイルスの影響もあって世界中が大きな変化を求められる状況になっています。仕事やコミュニケーションの方法、家族との接し方など、あらゆる面で大きく変わろうとしています。

しかし、それでも変わらない、働くうえ、生きるうえでの本質的なものを本書では記しました。

少しでもお役に立てれば幸いです。

2020年8月
佐々木常夫

＊本書は、二〇一四年一一月にあさ出版より『それでも、人を愛しなさい』のタイトルで出版された書籍を、改題、加筆・再構成し、新書化しました。

【主な参考引用文献・作品】

・『幸福論』（アラン著、神谷幹夫翻訳、岩波書店）
・『7つの習慣』（スティーブン・R・コヴィー著、ジェームス・スキナー、川西茂翻訳、キングベアー出版）
・『プレイバック』（レイモンド・チャンドラー著、清水俊二翻訳、早川書房）
・『日本でいちばん大切にしたい会社』（坂本光司著、あさ出版）
・『松下幸之助一日一話』（PHP研究所編著、PHP研究所）
・『夜と霧　新版』（ヴィクトール・E・フランクル著、池田香代子翻訳、みすず書房）
・『坂の上の雲』（司馬遼太郎著、文藝春秋）
・『無所属の時間で生きる』（城山三郎著、新潮社）
・『ビジネスマンの父より息子への30通の手紙』（キングスレイ・ウォード著、城山三郎翻訳、新潮社）
・『言志四録　現代語抄訳』（佐藤一斎著、岬龍一郎翻訳、PHP研究所）
・『愛をはぐくむ世界の名言』（名言発掘研究会編集、はまの出版）
・『声に出して読みたい論語』（齋藤孝著、草思社）
・『苦悩する人間』（ヴィクトール・E・フランクル著、山田邦男、松田美佳翻訳、春秋社）
・『それでもなお、人を愛しなさい　人生の意味を見つけるための逆説の10カ条』（ケント・M・キース著、大内博翻訳、早川書房）
・『世界名言事典　新版』（梶山健著、明治書院）

【主な参考引用文献・作品】

・『世界名言集―真実と生き方の知恵』（岡田春馬翻訳、近代文芸社）
・『とっさのひと言で心に刺さるコメント術』（おちまさと著、ＰＨＰ研究所）
・映画『マーガレット・サッチャー　鉄の女の涙』
・『ニクソン　わが生涯の戦い』（リチャード・ニクソン著、福島正光翻訳、文藝春秋）
・『一握の砂・悲しき玩具』（石川啄木・金田一京助著、新潮社）
・『水木サンの幸福論』（水木しげる著、ＫＡＤＯＫＡＷＡ）
・『マザー・テレサ　愛の軌跡』（ナヴィン・チャウラ著、三代川律子翻訳、日本教文社）
・『新装版　カーネギー名言集』（ドロシー・カーネギー著、神島康翻訳、創元社）
・『完全なる人間　魂のめざすもの』（アブラハム・H・マスロー著、上田吉一翻訳、誠信書房）
・『時代を切り開いた世界の10人⑥安藤百福レジェンド・ストーリー』（高木まさき著、学研教育出版）
・『孤独の愉しみ方　森の生活者ソローの叡智』（ヘンリー・デイヴィッド・ソロー著、服部千佳子翻訳、イースト・プレス）

その他、インタビュー、講演等を参考にしてあります。

ポプラ新書　好評既刊

世界史で読み解く現代ニュース

池上彰＋増田ユリヤ

世界史を知っていれば、現代のニュースが理解できる。現代のニュースからさかのぼれば、世界史が興味深く学べる。第一弾の本書では、中国の海洋進出の野望のルーツを中国の「大航海時代」に求め、中東に現在も影響を与え続けているオスマン帝国からイスラム紛争を読み解いてゆく。

世界史で読み解く現代ニュース〈宗教編〉

池上彰＋増田ユリヤ

宗教が「世界」を動かす時代に、知らねばならないこととは。「イスラム国」（ＩＳ）の背後にあるイスラム教、欧米を理解するのに欠かせないキリスト教、そしてイスラム教、キリスト教と同じ神を信じるユダヤ教。この三つの宗教を世界史の流れの中で学ぶと現代のニュースがより見えてくる。

佐々木常夫

ささき・つねお

株式会社佐々木常夫マネージメント・リサーチ代表取締役。1944年、秋田市生まれ。69年、東京大学経済学部卒業後、東レ株式会社に入社。01年、同期トップ（事務系）で東レの取締役に就任。03年に東レ経営研究所社長になる。内閣府の男女共同参画会議議員、大阪大学客員教授などの公職も歴任。「ワーク・ライフ・バランス」のシンボル的存在である。

ポプラ新書
195
ビジネスマンの教養
2020年9月7日 第1刷発行

著者
佐々木常夫
発行者
千葉　均
編集
大塩　大
発行所
株式会社 ポプラ社
〒102-8519 東京都千代田区麹町4-2-6
電話 03-5877-8109(営業) 03-5877-8112(編集)
一般書事業局ホームページ　www.webasta.jp
印刷・製本
図書印刷株式会社

N.D.C.336/190P/18cm ISBN978-4-591-16761-8

P8201195

生きるとは共に未来を語ること　共に希望を語ること

昭和二十二年、ポプラ社は、戦後の荒廃した東京の焼け跡を目のあたりにし、次の世代の日本を創るべき子どもたちが、ポプラ(白楊)の樹のように、まっすぐにすくすくと成長することを願って、児童図書専門出版社として創業いたしました。

創業以来、すでに六十六年の歳月が経ち、何人たりとも予測できない不透明な世界が出現してしまいました。

この未曾有の混迷と閉塞感におおいつくされた日本の現状を鑑みるにつけ、私どもは出版人としていかなる国家像、いかなる日本人像、そしてグローバル化しボーダレス化した世界的状況の裡で、いかなる人類像を創造しなければならないかという、大命題に応えるべく、強靭な志をもち、共に未来を語り共に希望を語りあえる状況を創ることこそ、私どもに課せられた最大の使命だと考えます。

ポプラ社は創業の原点にもどり、人々がすこやかにすくすくと、生きる喜びを感じられる世界を実現させることに希いと祈りをこめて、ここにポプラ新書を創刊するものです。

未来への挑戦!

平成二十五年　九月吉日　　株式会社ポプラ社